伊勢・志摩
鳥羽

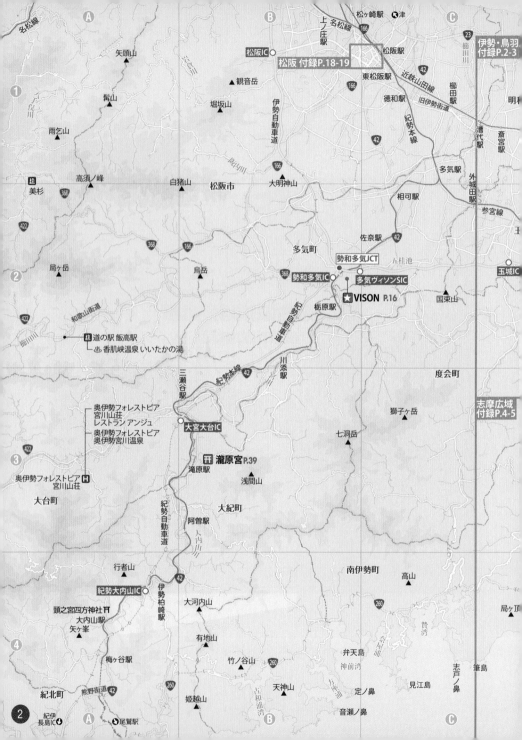

MAP

【録】街歩き地図

伊勢・志摩
鳥羽

伊勢北部 P.6-7
伊勢南部 P.8-9
P.4-5

A ▼ B ▼ C

1

南勢バイパス
松阪
705
60
行部1
祓川
行部2
707
H ファミリーロッジ旅籠屋・伊勢松阪店
大淀漁港
大淀東
23
東大淀口
大淀
明和町
510
明和町役場
斎宮駅
★ 斎宮歴史博物館 P.41
60
村松
714
植山口
有滝口
松阪駅
428
竹神社前
近鉄山田線
村松町4
713
西豊浜町2
511
土路
新田埋立記念碑
伊勢
H ビジネス
羽根 伊勢
748
大湊

2

有爾中
明星駅
明星
大仏山公園
大仏山
37
明野駅
明野
小俣駅
豊浜大橋
宮川大橋
神社・海の駅
馬瀬
新開北 新開
神社港
一色大橋
576
汐合大橋
二見道
伊勢カントリー
クラブ
多気駅
牛尾崎池
530
716 當野屋旅館 H
問屋センター
宮川駅
萱町
湯田野
掛橋
玉城役場前
60
上口山田駅
宮町
長屋1
201
田尻町
一色
通町IC
二見道
参宮線
五十鈴ケ丘駅
23
朝熊神社
参宮線
玉城町役場
外城田川
田中
勝田
13 佐田
丸山
玉城町
65
717
38
大池
宮川堤公園
P.30
度会橋
伊勢市駅
伊勢神宮 外宮 P.30
ル・バンボッシュ R P.78
22
高倉山
伊勢市役所
近鉄鳥羽線
32
宇治山田駅
伊勢IC
楠部IC
朝
715
朝熊駅

3

玉城IC
勢和多気JCT
汁谷池
大谷池
大日山
棚橋池
大野木池
南伊勢大橋
円座
円座町
神薗
笹原池
落合池
伊勢自動車道
宮川橋
津村
斎王の宮 H
伊勢かぐらばリゾート 千の社 H
前山
鼓ヶ岳
伊勢西IC
五十鈴川駅
伊勢市
伊勢神宮 内宮 P.34
★ 伊勢志
スカイ P.74
32
719

4

度会町役場
38
内城田大橋
飛瀬浦橋
川口
22
度会町
鮭池
神岳
横輪川
フリー開花橋
宮川パーク
横輪口
横輪口
169
720
鷲嶺
(袴腰山)
竜ヶ峠
P.116 天の岩戸
田代川
12
伊勢市
牛草山
169
719
南伊勢町
八称宣山
P.4-5

A ▲ B ▲ C

2

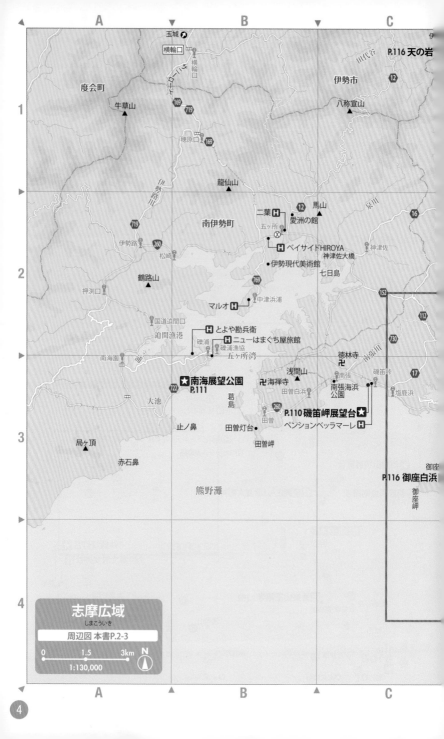

志摩広域
しまこういき

周辺図 本書P.2-3

0　1.5　3km
1:130,000

P.116 天の岩

度会町
牛草山
伊勢市
八称宣山

横輪口

龍仙山

南伊勢町
二葉 🅷
愛洲の館
馬山

伊勢路
松崎
ベイサイドHIROYA
神津佐大橋
神津佐

鶴路山
押渕口
伊勢現代美術館
七日島

マルオ 🅷
中津浜浦

国道迫間口
迫間漁港
とよや勘兵衛 🅷
ニューはまぐち屋旅館 🅷

礫浦
礫浦漁協
五ヶ所湾
徳林寺 卍

南海園
浅間山
南張

★南海展望公園
P.111
海禅寺 卍
田曽白浜
南張海浜公園
磯笛岬

局ヶ頂
葛島
止ノ鼻
田曽
P.110 磯笛岬展望台 ★
ペンションベッラマーレ 🅷
塩鹿浜

赤石鼻
田曽灯台
田曽岬

熊野灘

P.116 御座白浜
御座岬
御座

卍青峯山正福寺 P.100

鳥羽 ✈
白木駅

福寿寺卍
五知駅 青峰山

志摩市
伊勢道路（磯部道路）
伊勢志摩スカイライン

★おうむ石
P.116

恵利原

★菅崎園地（春雨展望台）
P.94

浅間山

鳥羽市

鳥羽カントリークラブ

相差 P.13下図

星海幽月 夢遊華 ℍ

国崎漁港
白島

杣掛駅

野川

上之郷駅

🏯 伊雑宮 P.39

伊勢道路入口

志摩磯部駅

高塚

伊勢志摩カントリークラブ
ロイヤルコース

的矢 P.16上図

渡鹿野島

鳥居崎

P.114 志摩スペイン村 ★

穴川駅

伊雑ノ浦

浅野

道の駅
伊勢志摩
P.117

ℍ 海辺のホテルはな

弁天崎

★安乗埼灯台 P.111

ℍ 風待ちの湯
福寿荘

安乗 P.16下図

P.127 はいふう ℍ

大兎島

P.117 志摩国分寺卍

国府白浜

C SHEVRON CAFE P.118

国府漁港

09 横山展望台 ★ 志摩横山駅

志摩市

奥の野川

後沖川

★国府白浜 P.116

ℍ クインテッサ伊勢志摩

横山

志摩和荘 ℍ

志摩市役所

ℍ ステーションホテル アネックス

城の崎

近鉄賢島
カンツリークラブ

合歓の郷入口

志摩神明駅

賢島駅

滑島

近鉄浜島
カンツリークラブ

弁天島

真珠養殖場

甲賀口

英虞湾

間崎島

大王埼入口

座賀島

波切漁港

羅山

志摩バイパス

船越

成滝

大王埼

深谷漁港

深谷大橋西

退治崎

太平洋

和具漁港

片田漁港

★麦埼灯台 P.111

小島
大島

英虞湾周辺 P.14-15

P.8-9

船江(2)

河崎 P.11上図

神久(5)

神久町

二軒茶屋

黒瀬町

ホテル
キャッスルイン伊勢
H
神久(3)

神久(4)

五十鈴ケ丘駅

河崎町東
伊勢工高前

伊勢工高

参宮線

ザ・ビッグ
エクスプレス
S
伊勢学園高

神久(1)　神久(2)

神田久志本町

伊勢学園前

伊勢警察前

倉田山中　伊勢まなび高

倉田山公園

神田久志本町1

伊勢高

伊勢署

P.48 神宮美術館　神宮農業館 P.48

皇學館大

松尾観音寺 P.73

グリル片山 P.78

松尾観音

倭町 P.38 倭姫宮

神宮文庫 P.48

P.48 神宮徴古館

皇學館高・中

貝吹山

神宮徴古館前

佐川記念神道博物館

伊勢市

伊勢病院前

伊勢総合病院前

古市町

市立伊勢総合病院
久世戸町

修道小

伊勢病院西口

伊勢二見鳥羽ライン

楠部
IC

近鉄鳥羽線

古市

伊勢自動車道

伊勢IC

楠部町

P.43
麻吉旅館
H

中之町

イオン伊勢店　イオン S

駅前

楠部公民館

伊勢古市参宮街道
資料館
P.43

五十鈴川駅

伊勢西IC　　朝熊　　伊勢神宮 内宮

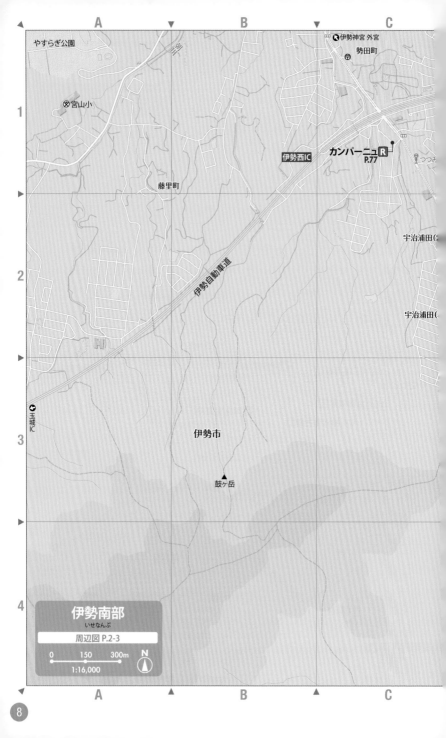

やすらぎ公園

⊗宮山小

藤里町

伊勢西IC

カンパーニュ R P.77

🔘伊勢神宮 外宮

勢田町

宇治浦田(

宇治浦田(

伊勢自動車道

玉城IC

伊勢市

▲
鼓ヶ岳

伊勢南部
いせなんぶ

周辺図 P.2-3

0　150　300m
1:16,000
N

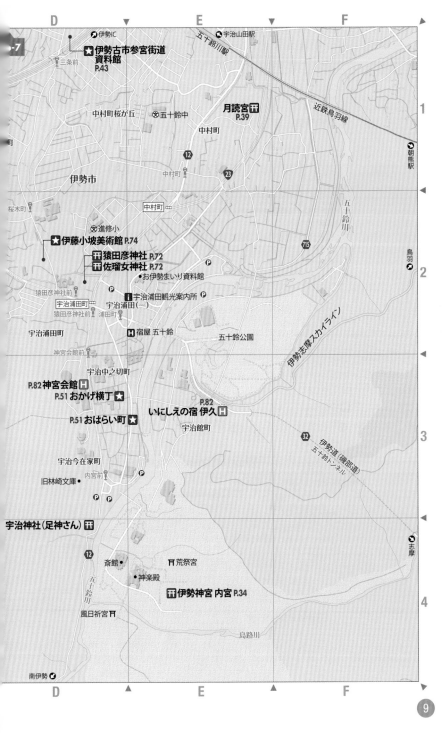

D

▼ ◎伊勢IC
🚉三条前
★伊勢古市参宮街道
　資料館
　P.43

中村町桜が丘

伊勢市

桜木町🚉

進修小⊗

★伊藤小坂美術館 P.74

🈂猿田彦神社 P.72
🈂佐瑠女神社 P.72

猿田彦神社前🚉
宇治浦田町
猿田彦神社前🚉 浦田町

宇治浦田町

神宮会館前🚉

宇治中之切町

P.82 神宮会館🅷
P.51 おかげ横丁★

P.51 おはらい町★

宇治今在家町
旧林崎文庫●
内宮前🚉

宇治神社（足神さん）🈂

斎館●
　●神楽殿
🈂風日祈宮

南伊勢◎

E

◎宇治山田駅
五十鈴川駅

月読宮🈂
P.39

⊗五十鈴中
中村町

🅿

🛈宇治浦田観光案内所
宇治浦田（一）

🅷宿屋 五十鈴

五十鈴公園

いにしえの宿 伊久🅷
宇治館町

P.82

🈂荒祭宮

🈂伊勢神宮 内宮 P.34

島路川

F

近鉄鳥羽線

◎朝熊駅

五十鈴川

鳥羽◎

伊勢志摩スカイライン

伊勢道（磯部道）
五十鈴トンネル

志摩◎

1

2

3

4

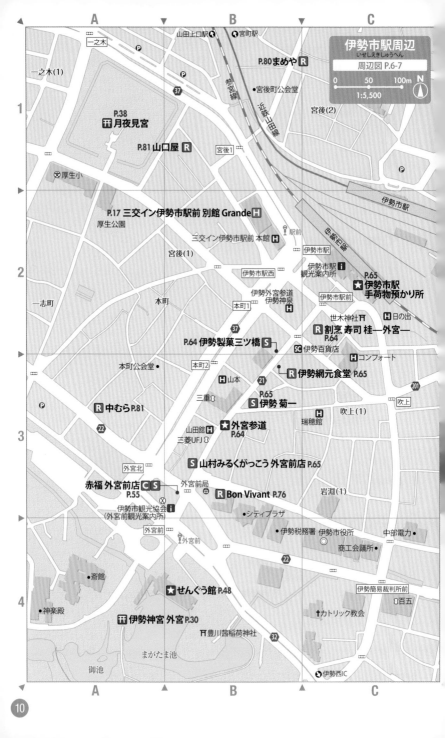

一之木

一之木(1)

P.38
月夜見宮

P.81 山口屋 R

厚生小

宮後町

宮町駅

山田上口駅

P.80 まめや R

宮後町公会堂

近鉄山田線

宮後(2)

宮後1

伊勢市駅

P.17 三交イン伊勢市駅前 別館 Grande H

厚生公園

三交イン伊勢市駅前 本館 H

駅前

宮後(1)

伊勢市駅西

本町

伊勢市駅 i

伊勢市駅
観光案内所

P.65
伊勢市駅
手荷物預かり所

一志町

本町1

伊勢外宮参道
伊勢神泉 H

世木神社

H 日の出

R 割烹 寿司 桂一外宮一
P.64

P.64 伊勢製菓三ツ橋 S

SC 伊勢百貨店

H コンフォート

本町公会堂

本町2

H 山本

R 伊勢網元食堂 P.65

三重

R 中むら P.81

P.65
S 伊勢 菊一

山田館 H

外宮参道
P.64

瑞穂館 H

吹上

吹上(1)

201

三菱UFJ

S 山村みるくがっこう 外宮前店 P.65

外宮北

赤福 外宮前店 C S
P.55

外宮前局

外宮前

R Bon Vivant P.76

岩淵(1)

伊勢市観光協会 i
(外宮前観光案内所)

シティプラザ

伊勢税務署 伊勢市役所

中部電力

外宮前

外宮前

商工会議所

22

斎館

せんぐう館 P.48

伊勢簡易裁判所前

百五

神楽殿

伊勢神宮 外宮 P.30

カトリック教会

豊川茜稲荷神社

32

まがたま池

伊勢西IC

御池

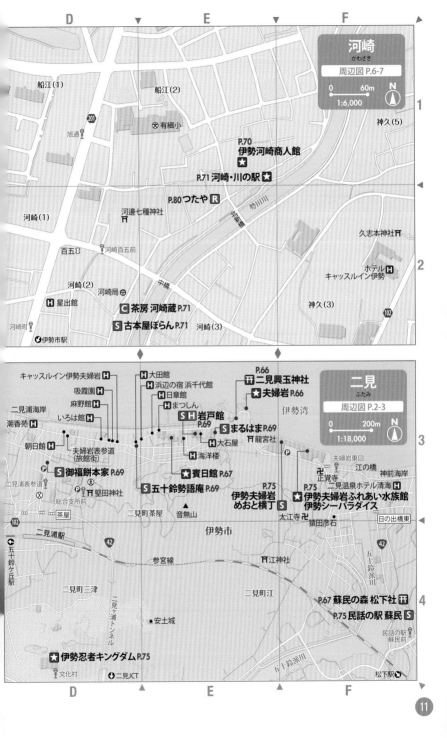

河崎

船江(1)

船江(2)

旭通

神久(5)

有緝小

P.70
伊勢河崎商人館 ★

P.71 河崎・川の駅 ★

P.80 つたや R

河邊七種神社 ⊼

河崎(1)

勢田川

北御堤

久志本神社 ⊼

百五 🏦

河崎百五前

河崎(2)

河崎局 ⊕

中橋

ホテル H
キャッスルイン伊勢

神久(3)

星出館 H

茶房 河崎蔵 C P.71

河崎町 伊勢市駅

古本屋ぽらん S P.71

河崎(3)

102

二見

キャッスルイン伊勢夫婦岩 H

大田館 H

P.66
二見興玉神社 ⊼

吸虹園 H

浜辺の宿 浜千代館 H

夫婦岩 ★ P.66

麻野館 H

日章館 H

伊勢湾

二見浦海岸

いろは館 H

まつしん H

潮香園 H

岩戸館 S H
P.69

まるはま S P.69

朝日館 H

夫婦岩表参道
(旅館街)

大石屋 H

龍宮社 ⊼

夫婦岩東口
江の橋

海洋楼 H

P

御福餅本家 S P.69

賓日館 ★ P.67

P

堅田神社 ⊼

五十鈴勢語庵 S P.69

前海岸

二見温泉ホテル清海 H

正覚寺 卍

総合支所前

音無山 ▲

P.75
伊勢夫婦岩
めおと横丁

P.75
伊勢夫婦岩ふれあい水族館 ★
伊勢シーパラダイス S

茶屋

二見町茶屋

伊勢市

太江寺 卍

猿田彦石

日の出橋東

102

二見浦駅

42

参宮線

江神社 ⊼

五十鈴ケ丘駅

五十鈴派川

二見町三津

二見町江

P.67 蘇民の森 松下社 ⊼

二見ヶ浦トンネル

安土城

P.75 民話の駅 蘇民 S

民話の駅
蘇民前

伊勢忍者キングダム ★ P.75

五十鈴派川

文化村

二見JCT

松下駅

42

鳥羽
とば

周辺図 P.2-3

0 100 200m
1:12,000
N

日ヶ崎
鳥羽グランドホテル H
フリー天理教前
小浜町
中里
胡蝶蘭 H
浜辺浦

ホテルメ湯楽々 H
ザ グラン リゾート 鳥羽 H
鳥羽わんわん H
パラダイスホテル
浜辺屋
フリージャンボ
クラブ
海上料亭 海楽園 H

鳥羽国際ホテル H **P.104**
鳥羽国際ホテル
潮路亭

ホテル浜離宮 H

P.91 鳥羽湾めぐりとイルカ島 ☆
P.101 鳥羽マリンターミナル ☆ ⚓

市営定期船

佐田浜港

答志島 神島

坂手島 菅島

戸田家 H

ビジターセンター
鳥羽バスセンター

近鉄鳥羽線

池の浦駅
二見浦駅
参宮線

吉田屋 錦海楼 H
吉田屋ホテル和光 H
ロードイン鳥羽 H

42

鳥羽1番街 S **P.100**
鳥羽駅
JR名店街
観光案内所

鳥羽マルシェ P.93 R

P

さざえストリート P.103 R

カモメの散歩道 ☆
P.101

見晴台
日和山
鳥羽(1)

鳥羽市

錦浦館 H
海月 H

海女小屋 鳥羽 はまなみ R
P.103

P.101 海島遊民くらぶ ☆

P.103 天びん屋 本店 R

P.102 漣 鳥羽店 R

賀多神社
妙性寺
本照寺

鳥羽城跡
城山公園
P.101

錦町局

真珠島・水族館前
観光船乗場
真珠博物館
海女スタンド
パールプラザ

P.90 ミキモト真珠島 ☆

御木本幸吉
記念館

P.100 江戸川乱歩館
（鳥羽みなとまち文学館） ☆

市民文化会館

S TOBAパールタウン
P.101

鳥羽港

伊良湖

P.101 常安寺 卍
鳥羽(2)

市役所前

鳥羽水族館 ☆
P.86

伊勢
伊勢志摩スカイライン

天真寺 済生寺
光岳寺

鳥羽市役所
桑名三重信金

鳥羽(3)

伊勢湾
フェリー

42

扇芳閣 H

百五

P

鳥羽水族館前

P.100
讃岐金刀比羅宮 ⛩
鳥羽分社（樋の山）

樋ノ山

金胎寺 卍

中之郷駅

錦屋旅館 H

167

鳥羽町

P.101
鳥羽大庄屋かどや ☆

中之郷桟橋

志摩赤崎駅

本浦

もとうら

周辺図 P.2-3

0 500m
1:50,000
N

エクシブ鳥羽本館
白根崎
フリーエグジヴ
鳥羽観光旅館 美浦荘

P.94 海の駅 黒潮
パールロード店
黒潮ダイニング
パールロード店
P.102
P.100
浦神社
櫛ヶ峰▲
今浦
海辺の温泉宿 まるさん
魚月
鳥羽市
あじ蔵CaroCaro
麻生の浦大橋
P.92

大村島
長瀬
鷲ヶ鼻
太平洋

麻倉島
かき養殖場
海の博物館
鳥羽市立 海の博物館
P.92
大吉の宿 山善
鳥羽湾
本浦港
丸善水産 P.95
共栄物産 与吉屋 P.95
サン浦島 悠季の里
銀鱗

P.92
カフェあらみ

P.93
鳥羽白浜海水浴場
TAOYA志摩 P.104
心に宿る 芭新萃
石鏡神社
秀丸花こころ
石鏡第一ホテル神倶良
新八屋
石鏡温泉源泉の宿
ホテルいじか荘
石鏡町

鍋釜落
松ヶ鼻
円照寺
弁天崎
石鏡港

P.93 鳥羽展望台 海女のテラス
P.93 鳥羽展望台

相差

相差

おうさつ

周辺図 P.4-5

0 200m
1:20,000
N

相差町
千鳥ヶ浜海水浴場
みち潮
志摩ビーチホテル
相差パシフィックホテル
太平洋

瀬乃崎
鳥羽市

海女の宿 丸善
フリー千鳥ヶ浜
P.98 相差 海女の家 五左屋
P.96 石神さん(神明神社)
リゾートヒルズ豊浜
蒼空の風〜SORA no KAZE〜
天然温泉と漁師の宿 浜栄
まさみや

畔蛸町
P.101 梵潮寺
味わいの宿 たつみ
長岡中
長岡中
相差港
香潮
潮美館
相差海女文化資料館 P.99

あみ源
畔蛸神社
伊平屋荘
海辺の宿 松村荘
弘道小
海と味覚の宿
相浦 冨久家
幸洋荘
味の宿花椿

P.99 海女小屋
はちまんかまど
魚勘
日の出
おくのせこ
かんえい
相差かまど P.99
鯨崎

情景の宿 あずま
海釣センター
料理旅館 伝洋
ささき
あおやま荘
ひょうすけ
クローバー 風薫

的矢湾

南伊勢 152

730

横山 ▲

迫子川

THE HIRAMATSU HOTELS & RESORTS 賢島 P.126　鵜方 P.17

志摩横前川

近鉄賢島カンツリークラブ

福川原

合歓の郷入口

桜山路

塩屋 迫子

近鉄浜島カンツリークラブ

大崎口

滑島

賢島 P.17下図

17

P.117 賢島大橋 ★

賢島駅 賢島 賢島港

南伊勢

プレミアリゾート 夕雅 伊勢志摩 P.127

浜島中前 ⊗浜島中

真珠養殖場

真珠養殖場

合歓の郷寮

多徳島

塩鹿浜

グルメペンション 青い海

鴻住

大江戸温泉物語 伊勢志摩

大高崎島

朝日山

浜島 260

網元の店 八代 P.124

NEMU GOLF CLUB ●

NEMU RESORT P.128

間崎島

観光協会浜島案内所

P.113 **海ほおずき** ★

矢取島

びん玉ロード P.116 ★

湯元館 ニュー浜島

天真名井神社

シーサイドホテル鯨望荘

英虞湾

御座神社

座賀島

民宿 もりけん

御座港

海士民宿 かねきん

料理民宿 岩正

P.116 **石仏（潮仏）** ★

御座

料理旅館 高曽

爪切不動尊 金比羅山 ▲

P.116 **御座白浜** ★

御座岬 黒森 ▲

御座白浜

海女と漁師の料理民宿 一葉

志摩バイパス

志摩大橋東詰

御座岬オートキャンプ場

志摩バイパス 260

P.117 **志摩大橋** ★

P.112 **LUXUNA伊勢志摩**

松栄荘

和具港 ⬇

マリンサイ

岩井崎 矢摺島

あずり浜オートキャンプ場

フリーあづり浜

パールグルメイン竹正

729

越賀中前

和具

活鮮旅館 志摩半島

和具漁港

料理旅館 新和具荘

小島

大島

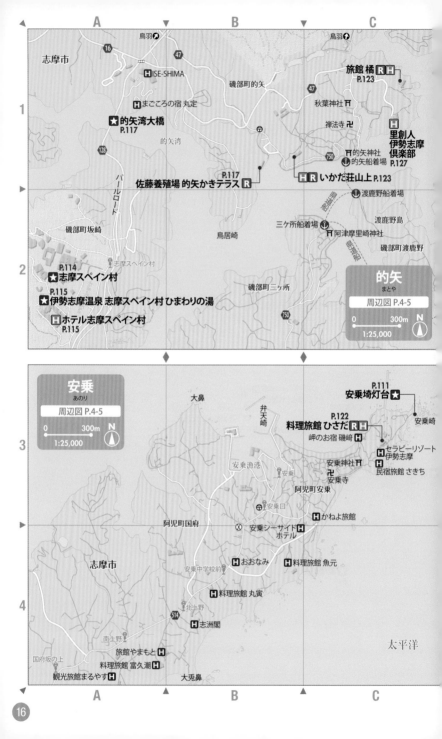

志摩市

鳥羽 🏍
16

H ISE-SHIMA

H まごころの宿 丸定

★ 的矢湾大橋
P.117

パールロード

的矢湾

磯部町坂崎

★ 志摩スペイン村
P.114

★ 伊勢志摩温泉 志摩スペイン村 ひまわりの湯
P.115

H ホテル志摩スペイン村
P.115

鳥羽 🛳

磯部町的矢

🔶 47

秋葉神社 ⛩

禅法寺 卍

⛩ 的矢神社
🛥 的矢船着場

旅館 橘 R H
P.123

H
里創人
伊勢志摩
倶楽部
P.127

H R いかだ荘山上 P.123

🛥 渡鹿野船着場

渡鹿野島

三ケ所船着場 🛥
⛩ 阿津摩里崎神社

磯部町渡鹿野

鳥居崎

磯部町三ケ所

的矢
まとや

周辺図 P.4-5

0   300m

1:25,000   N

安乗
あのり

周辺図 P.4-5

0   300m

1:25,000   N

大鼻

弁天崎

安乗漁港

🛥 安乗

安乗埼灯台 ★
P.111

安乗崎

料理旅館 ひさだ R H
P.122

岬のお宿 磯崎 H

H
セラピーリゾート
伊勢志摩

安乗神社 ⛩
卍 安乗寺

民宿旅館 さきち H

阿児町安乗

🛥 安乗口

阿児町国府

志摩市

⊗ 安乗シーサイド
ホテル H

H かねよ旅館

安乗中学校前

H おおなみ

H 料理旅館 魚元

H 料理旅館 丸寅

北上野
514

H 志洲閣

南上野

旅館 やまもと H

国府坂の上

料理旅館 富久潮 H

観光旅館 まるやす H

大兎鼻

太平洋

鵜方

うがた

周辺図 P.14-15

0　　　　100m
1:10,000

P.121 R 日本料理 鯛

おとや R
P.121

P.125
志摩の喰い処 R
磯っ子

近鉄志摩線

鵜方東

ナカミチ S
市役所前
167

総合庁舎入口
前川

志摩市観光協会(案内所) i 百五
鵜方駅前

鵜方駅

県志摩庁舎

志摩署

鵜方西口

賢島口
第三

中日ビジネス H
ホテル

H ステーションホテル鵜方

志摩市役所

福祉センター

鵜方ビジネスホテル H

浅間神社

前川橋

17
賢島大橋

167

阿児町鵜方

P.120
プティレストラン R
宮本

志摩
自動車学校

文岡中前

志摩市

賢島橋

志摩神明駅

P.126 汀渚 ばさら邸 H

鵜方駅

鵜方駅

17

H 都リゾート 志摩 ベイサイドテラス
P.127

グランドーム伊勢賢島 H
P.112

阿児町鵜方

志摩神明駅

H 檜扇荘

志摩市

神明駅入口

美食の隠れ家 プロヴァンス H
P.128

P.117 賢島大橋 ★

賢島グランドホテル H

近鉄志摩線

湯快リゾート
彩朝楽

滑島

志摩観光ザクラシック H

駅前

167

賢島橋

H 旅館
弁天荘

P.126 志摩観光ホテル ザ ベイスイート H

賢島駅

S 松井眞珠店 P.117

賢島港

H 賢島ファミリーホテルはな屋

賢島エスパーニャクルーズ P.113 ★

英虞湾

賢島パークホテルみち潮 H

賢島宝生苑 H

プチホテル賢島ハーバー H

浜島町迫子

H 志摩地中海村 P.128

志摩マリンレジャー

賢島

かしこじま

周辺図 P.14-15

0　　　　300m
1:25,000

H 合歓の郷寮

石山荘 H

横山島

多徳島

松阪
まつさか

周辺図 本書P.2-3

0 100 200m
1:8,000
N

第三小

西之庄町

西之庄

松阪

P.131 旧小津清左衛門家（旧松阪商人の館）

カネボウ跡公園
鈴の森

卍常足庵

P.132 牛銀本店 R

市図書館

本居宣長旧宅跡

市民文化会館

西之庄町

阪内川

P.134 松阪もめん手織りセンター

松阪市
文化財
センター

はにわ館

新松阪大橋

757 文化会館南口

旧長谷川邸

第三〇

殿町

◎松阪市役所

新松阪
大橋南詰

松阪市民病院 ⊞

市役所前

殿町

市民病院前

内五曲町

殿町中前

P.131
松阪市立
歴史民俗資料館 ★

第一

五曲橋

P.130 松坂城跡 ★

殿町中

五曲橋東詰

本居宣長記念館 ★
P.131

756

本居宣長ノ宮

P.130
御城番屋敷 ★

殿町

H

原田二

松阪神社 开

内五曲町

内五曲り

業務スーパー S

松阪工高

幸小

新町局

新町

大黒田町

桑名三重

新町

禅林寺 卍

無碍光寺 卍

大黒田西林

とりはずして使える

MAP

付録 街歩き地図

伊勢・志摩
鳥羽

おとな旅
プレミアム
PREMIUM

切り取り線

TAC出版
TAC PUBLISHING Gro

①

小築海島

P.85 神島 ★

大築海島

伊　勢　湾

明野駅
小俣駅

宮川

牛島

答志島

築上岬

浮島

飛島

五十鈴川

五十鈴ヶ丘駅

一見浦

一見浦駅

松下駅

松ヶ崎

山田上口駅
宮町駅
宮川駅

伊勢市駅

朝熊東IC

一見JCT

松下JCT

イルカ島

鳥羽駅

坂手島

菅島

大山

笹島水道

23

42

宇治山田駅

伊勢IC

朝熊IC

伊勢二見鳥羽ライン

中之郷駅
池の浦駅

★ 鳥羽水族館
P.86

加茂川

大村島

大村島

石鏡島

②

P.30 伊勢神宮外宮 ⛩

伊勢西IC

五十鈴川駅

朝熊駅

朝熊ヶ岳 ▲

志摩赤崎駅

船津駅

167

加茂駅

167

おはらい町・おかげ横丁
P.50

伊勢神宮内宮 ⛩
P.34

伊勢志摩
スカイライン

加茂駅

松尾駅

鳥羽市

伊勢自動車道

▲ 前山

鷲嶺 ▲

伊勢市

第二伊勢道路

鳥羽南・白木IC

白木駅

五知駅

青峰山 ▲

鎧崎

沓掛駅

P.96 石神さん ⛩
（神明神社）

鯨崎

②

上之郷駅

167

菅崎

五十鈴トンネル

龍仙山 ▲

志摩磯部駅

穴川駅
伊雑ノ浦

的矢湾

渡鹿野港

安乗漁港
安乗崎

260

伊勢志摩 ♨

★ 志摩スペイン村
P.114

国府漁港

③

七日島

近鉄志摩線

志摩横山駅

志摩市

尼崎

P.109 横山展望台 ★

横山 ▲

鵜方駅

260

志摩神明駅

城の崎

五ヶ所湾

賢島駅

止ノ鼻

葛島

167

波切漁港

田曽岬

間崎島

英虞湾

金比羅山 ▲

座賀島

大王崎

④

御座岬

260

深谷水道

和具漁港

麦崎

小島

大島

③

あなただけの
プレミアムな
おとな旅へ！
ようこそ！

すがすがしい
空気に満ちた
日本最高峰の聖
地、伊勢神宮

伊勢神宮 ➡ **P.26**

ISE SHIMA TOBA

伊勢・志摩・鳥羽への旅

聖なる地に回復を祈り
波頭に希望の光を見る

鳥羽から志摩へ、海を眺め山中の自然を抜ける。観光スポットはいたるところに点在し宿泊施設も多い。魚介類はグルマンの快楽を保証し、旅の楽しみには事欠かない。やがて英虞湾にたどり着けば、多島海の絶景が歓迎してくれる。朝に夕に眺めながらの、ゆったりしたリゾートは紛れもない大人の旅時間だろう。むろんどの道程にも、伊勢神宮参拝が核となろう。この旅は心身を洗うことになる。明日への活力がリセットされるはずだ。

4

SIGHTSEEING

朝熊岳金剛證寺は伊勢神宮の奥ノ院として知られる

〈朝熊岳金剛證寺〉 ➡ P.73

SIGHTSEEING

女性の願いをひとつだけ叶えてくれると伝わる石神さん

〈石神さん（神明神社）〉 ➡ P.96

神々が住まう宮、海辺にたたずむ社、
聖なる地を巡る極上の旅

日の出の絶景で名高い夫婦岩。その美しさに、倭姫命は二度振り返ったと伝わる

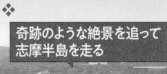

奇跡のような絶景を追って
志摩半島を走る

美食の宿で
洗練された海鮮
料理を楽し
みたい

SIGHTSEEING

伊勢と鳥羽
を結ぶ天空の
スカイラインを
走りたい

伊勢志摩スカイライン ➡ P.74

伊勢エビ、アワビ…
美し国の絶品に舌鼓

GOURMET

**志摩観光ホテル
ザ ベイスイート** ➡ P.126

横山展望台をはじめ、ウッドデッキのテラスから英虞湾の絶景が眺められる。

SIGHTSEEING

英虞湾に沈む夕日の絶景で知られるともやま公園

ともやま公園 ➡ P.110

江戸の情緒を残す門前町で
持ち帰りたい名物を探す

SHOPPING

伊勢木綿などの名物みやげが充実する魚春五十鈴川店

魚春五十鈴川店 ➡ P.62

CONTENTS

伊勢

鳥羽

● 本書中のデータは2024年1～2月現在のものです。料金、営業時間、休業日、メニューや商品の内容などが、諸事情により変更される場合がありますので、事前にご確認ください。

● 本書に紹介したショップ、レストランなどとの個人的なトラブルに関しましては、当社では一切の責任を負いかねますので、あらかじめご了承ください。

● 営業時間、開館時間は実際に利用できる時間を示しています。ラストオーダー(LO)や最終入館の時間が決められている場合は別途表示してあります。

● 休業日に関しては、基本的に定休日のみを記載しており、特に記載のない場合でも年末年始、ゴールデンウィーク、夏季、旧盆、保安点検日などに休業することがあります。

● 料金は消費税込みの料金を示していますが、変更する場合がありますのでご注意ください。また、入館料などについて特記のない場合は大人料金を示しています。

● レストランの予算は利用の際の目安の料金としてご利用ください。Lがランチ、Dがディナーを示しています。

● 宿泊料金に関しては、「1泊2食付」「1泊朝食付」「素泊まり」については1室2名で宿泊した場合の1名分の料金、「シングル」「ツイン」「ダブル」は1室あたりの料金です。曜日や季節によって異なることがありますので、ご注意ください。

● 交通表記における所要時間、最寄り駅からの所要時間は目安としてご利用ください。

● 駐車場は当該施設の専用駐車場の有無を表示しています。

● 掲載写真は取材時のものであり、特に料理、商品などのなかにはすでに取り扱っていない場合があります。

● 予約については「要」(必ず予約が必要)、「望ましい」(予約をしたほうがよい)、「可」(予約ができる)、「不可」(予約ができない)と表記していますが、曜日や時間帯によって異なる場合がありますので直接ご確認ください。

■ データの見方

☎	電話番号	✆	アクセス
所	所在地	P	駐車場
料	料金	客	宿泊施設の客室数
開	開館／開園／開門時間	in	チェックインの時間
営	営業時間	out	チェックアウトの時間
休	定休日		

■ 地図のマーク

★	観光・見どころ	H	宿泊施設
卍	寺院	i	観光案内所
⛩	神社	道	道の駅
✝	教会	⊁	ビーチ
R	飲食店	♨	温泉
C	カフェ・甘味処	⛟	バス停
S	ショップ	✈	空港
SC	ショッピングセンター	⚓	乗船場

旅のきほん
1

エリアと観光のポイント

伊勢・志摩・鳥羽はこんなところです

伊勢志摩国立公園が広がる、温暖な気候と豊かな自然に育まれた地域。
伊勢神宮をはじめとする、歴史ある社寺めぐりも楽しい。

由緒ある名所・神宮へ参詣
伊勢
いせ　**➡ P.23**

日本全国の神社の本宗とされる伊勢神宮が鎮座し、「お伊勢参り」に全国各地からはるばる訪れる人々で昔から賑わってきた歴史を持つ街。参拝のあとは門前町のおはらい町・おかげ横丁に立ち寄って名物グルメやみやげ探しを楽しむのが観光の王道だ。伊勢市内には別宮や、神宮とゆかりのある寺社も存在するので、ご利益を求めてまわってみるのも楽しい。

観光のポイント 伊勢神宮 外宮、伊勢神宮 内宮
おはらい町・おかげ横丁、夫婦岩・二見興玉神社

●伊勢神宮 内宮への入口である宇治橋は俗界と聖界とを結ぶ架け橋

↪活気あふれる門前町、おはらい町・おかげ横丁

●2000年以上の歴史を持つ伊勢神宮 内宮

●昔から伊勢参りの旅人に供されてきた伊勢うどん

英虞湾を囲む景勝地
志摩
しま　**➡ P.105**

志摩半島の南部、複雑なリアス海岸と連なる島々が生み出す独特な景観の英虞湾を囲む自然豊かなリゾートエリア。上質な設備のリゾートホテルで満足感の高い滞在を楽しめるほか、高級海鮮食材の贅沢グルメも豊富に味わえる。

観光のポイント 横山展望台
志摩スペイン村

↪極上のアワビを味わいたい

↪多くの島や半島がつくる美しい景勝地として知られる英虞湾

↑◎鳥羽観光の定番、鳥羽水族館

青く輝く海の多彩な魅力と出会う
鳥羽
とば　→P.83

志摩半島北東部の、海の文化が発達した街。市街近くのレジャースポットのほか、海沿いには漁師や海女の郷土色豊かな文化が残る街が魅力的な観光スポットとして人気を集めている。獲れたて魚介をふんだんに使った豪快な海鮮料理も格別だ。

◎地元の海女や漁師が獲った海の幸が盛りだくさん

観光のポイント 鳥羽水族館、鳥羽展望台　ミキモト真珠島、石神さん(神明神社)

↑鳥羽港とミキモト真珠島。鳥羽湾を巡る観光船での船旅も楽しめる

松阪木綿で栄えた商都
松阪
まつさか　→P.129

松坂城の城下町として築かれ、松阪商人を輩出した商人の街。松阪牛でもその名を広く知られる。

観光のポイント 御城番屋敷　松坂城跡

↑江戸時代の風情が残る御城番屋敷

季節ごとの海の幸と、旅人の興味をそそるイベント
伊勢・志摩・鳥羽 トラベルカレンダー

温暖で資源も豊かな伊勢・志摩・鳥羽の、四季折々のさまざまなイベントや
豊かな海で育まれる旬の味覚。自分の求めるベストシーズンを見つけたい。

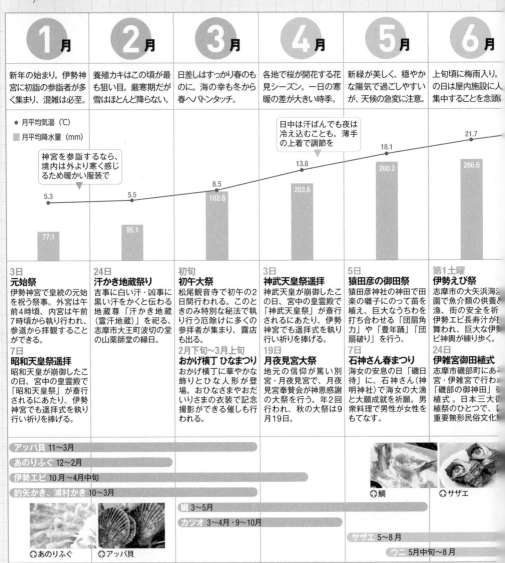

1月	2月	3月	4月	5月	6月
新年の始まり。伊勢神宮に初詣の参詣者が多く集まり、混雑は必至。	養殖カキはこの頃が最も狙い目。厳寒期だが雪はほとんど降らない。	日差しはすっかり春のものに。海の幸も冬から春へバトンタッチ。	各地で桜が開花する花見シーズン。一日の寒暖の差が大きい時季。	新緑が美しく、穏やかな陽気で過ごしやすいが、天候の急変に注意。	上旬頃に梅雨入り。雨の日は屋内施設に人が集中することを念頭に

● 月平均気温（℃）
■ 月平均降水量（mm）

神宮を参詣するなら、境内は外より寒く感じるため暖かい服装で

日中は汗ばんでも夜は冷え込むことも。薄手の上着で調節を

気温: 5.3 / 5.5 / 8.5 / 13.8 / 18.1 / 21.7

降水量: 77.1 / 95.1 / 182.8 / 203.6 / 260.2 / 266.6

1月	2月	3月	4月	5月	6月
3日 **元始祭** 伊勢神宮で皇統の元始を祝う祭事。外宮は午前4時頃、内宮は午前7時頃から執り行われ、参道から拝観することができる。	**24日** **汗かき地蔵祭り** 吉事に白い汗・凶事に黒い汗をかくと伝わる地蔵尊「汗かき地蔵（霊汗地蔵）」を祀る、志摩市大王町波切の堂の山薬師堂の縁日。	**初旬** **初午大祭** 松尾観音寺で初午の2日間行われる。このときのみ特別な秘法で執り行う厄除けに多くの参詣者が集まり、露店も出る。	**3日** **神武天皇祭遥拝** 神武天皇が崩御したこの日、宮中の皇霊殿で「神武天皇祭」が斎行されるにあたり、伊勢神宮でも遥拝式を執り行い祈りを捧げる。	**5日** **猿田彦の御田祭** 猿田彦神社の神田で田楽の囃子にのって苗を植え、巨大なうちわを打ち合わせる「団扇角力」や「豊年踊」「団扇破り」を行う。	**第1土曜** **伊勢えび祭** 志摩市の大矢浜海洋公園で魚介類の供養と大漁、街の安全を祈る。舞われ、巨大な伊勢エビ神輿が練り歩く。
7日 **昭和天皇祭遥拝** 昭和天皇が崩御したこの日、宮中の皇霊殿で「昭和天皇祭」が斎行されるにあたり、伊勢神宮でも遥拝式を執り行い祈りを捧げる。		**2月下旬～3月上旬** **おかげ横丁 ひなまつり** おかげ横丁に華やかな飾りとひな人形が登場。おひなさまやおだいりさまの衣装で記念撮影ができる催しも行われる。	**19日** **月夜見宮大祭** 地元の信仰が篤い別宮・月夜見宮で、月夜見宮奉賛会が神恩感謝の大祭を行う。年2回行われ、秋の大祭は9月19日。	**7日** **石神さん春まつり** 海女の安息の日「磯日待」に、石神さん（神明神社）で海女の大漁と大願成就を祈願。男衆料理で男性が女性をもてなす。	**24日** **伊雑宮御田植式** 志摩市磯部町にある宮・伊雑宮で行われる植式。日本三大植祭のひとつで、重要無形民俗文化

アッパ貝 11～3月
あのりふぐ 12～2月
伊勢エビ 10月～4月中旬
的矢かき、浦村かき 10～3月
鯛 3～5月
カツオ 3～4月・9～10月
サザエ 5～8月
ウニ 5月中旬～8月

↑鯛
↑サザエ
↑あのりふぐ
↑アッパ貝

↑おかげ横丁

↑宇治橋

↑猿田彦神社

↑石神さん（神明神社）

7月
雨が明けると暑い夏〔を〕迎える。滋味を増す〔の〕アワビは絶品。

8月
夏休みで人出が多く、交通量がピーク。渋滞に悩まされることも。

9月
台風が直撃することが多い。その場合は安全のため旅の計画変更を。

10月
伊勢エビやあのりふぐの漁が解禁され、冬の味覚が充実していく。

11月
季節は秋から冬へ駆け足で変わっていく。紅葉のピークは下旬頃。

12月
滋味を増す冬の味覚。ゆく年くる年を想い神宮に参詣するのも◎。

25.6　26.7　397.4　23.5　18.0　12.6　7.7

197.8　205.2　257.6　148.3　68.3

気温が国内でも高めで暑さが厳しめ。熱中症の対策はしっかりと

雨が減り、乾燥した冷たい風が吹くようになる。防寒対策を万全に

〔 〕日
〔牛〕天王くじら祭
〔鯨〕の鯨神輿が練り歩〔く〕あと、海女らに担〔がれ〕て海に入る。夜〔は〕〔海〕の幸が振る舞わ〔れ〕花火大会などで賑〔わう〕。

7月下旬～8月末
水掛けそーらん
伊勢忍者キングダムの夏の催し。昼頃、威勢よく踊る踊り手に暑気払いと厄払いとして水を掛ける。びしょ濡れ御免のイベント。

17・18日
佐瑠女神社
宵祭・例祭
猿田彦神社の境内社・佐瑠女神社の祭典。17日夕刻から宵祭、18日の日中に例祭が執り行われ、踊りや音楽で境内が賑わう。

15・16日
安乗の人形芝居
400年以上前から伝承されている伝統芸能の人形芝居を、志摩市安乗神社境内の舞台で上演。国の重要無形民俗文化財。

申の日
わらじ祭
志摩市大王町波切の浜辺から、巨人ダイダラボッチの伝説にちなんだ大きなわらじを、海上の安全と大漁を祈願し沖に流す。

上旬
伊勢まつり
御木曳車、神輿、太鼓などのパレードや、よさこいソーラン、マジックなどのイベントが行われ、150を超える団体が参加する地域最大の祭り。会場一帯では地場産品の展示、販売なども行う。祭りの終盤には誰でも参加できる「みんなで踊ろ!!伊勢音頭」を開催。

神恩感謝
日本太鼓祭
おかげ横丁に全国各地から太鼓打ちが集まり、神様への感謝を込めて、その技で打ち込む太鼓の音を奉納する。
※開催月は年により変動あり

中旬の
土曜または日曜
夫婦岩
大注連縄張神事
この日と5月5日・9月5日の年3回、夫婦岩の大注連縄を氏子たちが張り替える。

↑ウニ

↑アワビ

↑カツオ

アッパ貝 11～3月

あのりふぐ 12～2月

伊勢エビ 10月～4月中旬

的矢かき、浦村かき 10～3月

アワビ 7～8月

カツオ 9～10月・3～4月

↑伊勢エビ

↑的矢かき、浦村かき

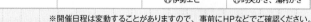
※開催日程は変動することがありますので、事前にHPなどでご確認ください。

ニュース＆トピックス

伊勢志摩へ旅行に行くなら、まずは現地の最旬情報をチェック！ 今盛り上がっている注目スポットや、NEW OPENの宿泊施設をピックアップ。気になるスポットを訪れて、旅をもっと充実させよう♪

癒やし・グルメ・体験が揃う美しい村
VISON（ヴィソン）で心身が喜ぶ休日を

グルメにショッピング、体験、宿泊まで揃い、一日中楽しめるリゾート施設。伊勢神宮から車で約20分の場所にあり、お伊勢参りと併せて訪れたい大注目のスポットだ。

東京ドーム24個分の広大な敷地に、約70の店舗が大集結！

VISON
ヴィソン

2021年7月オープン

豊かな自然に囲まれた日本最大級の商業リゾート施設。マルシェやホテル、温浴施設など9のエリアに分かれ、まるで1つの村のよう。ありのままの自然を生かした、建築や空間デザインの美しさにも注目しながら楽しみたい。

多気町 MAP 本書 P.2 B-2
☎0598-39-3190、ホテル0598-39-3090　⌖多気町ヴィソン672-1
⏰9:00～22:00(店舗により異なる)　休店舗により異なる　料無料
🚗伊勢自動車道・多気ヴィソンスマートIC直結、勢和多気ICから車で1分
Ｐあり(有料、購入金額に応じて割引サービスあり)

マルシェ ヴィソン

パリの星付きレストランのシェフ・手島竜司氏が監修した産直市場。朝採れ野菜を販売するマルシェや、三重の海山の幸が並ぶ店舗が大集合。

⬆三重周辺で生産された新鮮な食材がずらり

⬆ショッピングも楽しめる賑やかなエリア

サンセバスチャン通り

バスク料理をはじめ、三重近郊の食材を使ったさまざまなグルメが味わえる美食ストリート。夜パフェや伊勢プリンなどのスイーツ店も豊富に揃う。

⬆全室に露天風呂が付いたヴィラ棟

棟⬆山の斜面に立つホテル 広いテラス付き客室も

本草エリア

薬草湯が楽しめる温浴施設を中心とした癒やしのエリア。ウェルネスサロンやミネラルミスト浴施設、カフェ、本草研究所も併設する。

⬇季節に合わせて72種の薬草湯が堪能できる

ホテルエリア

木と建物の関わりがテーマの宿泊施設。別荘のようなヴィラ棟、眺望が自慢のホテル棟、カジュアルな旅籠(はたご)ヴィソンとコンセプトの異なる3タイプから選べる。

伊勢志摩の魅力が詰まった
個性豊かな宿 が続々誕生!

大自然を満喫できるグランピングや、オールインクルーシブのラグジュアリー宿、観光に便利な駅近ホテルまで! 魅力あふれる最新の宿に泊まろう。

潮風薫る英虞湾のそばにあり、マリンアクティビティも楽しめる

THE GLAMPING PLAZA 伊勢志摩BASE
ザ グランピング プラザ いせしまベース

2023年4月オープン

伊勢志摩国立公園内、2タイプ全7棟からなるドーム型グランピング施設。伊勢志摩の食材を堪能できるグランピングBBQのほか、アルコールを含むフリードリンクサービスも魅力。

冷暖房やシャワー・トイレを完備した贅沢なグランピングテント

志摩市 MAP 付録 P.15 D-1
☎080-4152-7426 所志摩市阿児町神明1480-1 交近鉄・鵜方駅から車で7分
Pあり in15:00 out10:00
予約1泊2食付き2万8600円～

COVA KAKUDA
コーパカクダ

2023年6月オープン

伊勢志摩国立公園内の入り江にたたずむスモールラグジュアリーリゾート。真珠養殖の工場だった建物をリノベーションした、全4棟のヴィラからは英虞湾を一望。食事やサウナ、体験メニューなどをインクルーシブで楽しめる。

志摩市 MAP 付録 P.15 D-3
☎0599-52-0231 所志摩市志摩町片田1397-14 交近鉄・賢島駅から車で30分 Pあり
in14:00 out11:00
予約1泊2食付き12万1000円～

英虞湾を望む薪サウナは井戸水を利用した水風呂も完備

梁や柱などの躯体はそのまま生かし、当時の面影を感じる室内

EN HOTEL Ise
エン ホテル イセ

2023年3月オープン

約30年愛されてきたホテルがリブランドオープン。1階にはラウンジを新設。ラウンジ横には、周辺のおすすめスポットが描かれた探索マップも。

客室は全部で3タイプ。シンプルながらも快適に過ごせる空間

伊勢市 MAP 付録 P.6 C-2
☎0596-29-3720 所伊勢市吹上2-5-11 交近鉄／JR・伊勢市駅から徒歩10分 Pあり
in15:00 out10:00
予約Cozyダブル1泊素泊り7000円～

三交イン伊勢市駅前 別館 Grande
さんこういんいせしえきまえ べっかん グランデ

2023年7月オープン

本館に隣接する複合ビルの9～10階にオープン。スカイラウンジBARでは、ドリンクとお菓子を無料で楽しめる。

伊勢市 MAP 付録 P.10 B-2
☎0596-65-7735 所伊勢市宮後1-1-35 MiralSE9階 交近鉄／JR・伊勢市駅から徒歩3分 Pあり(有料)
in15:00 out11:00
予約1泊素泊まり2万4800円～

客室は全室バストイレ別のツインタイプ。本館の大浴場も利用可能

プレミアム滞在モデルプラン

伊勢・志摩・鳥羽・松阪
おとなの1日プラン

日本人の心のふるさと、伊勢神宮をはじめ、美しい海景が広がる鳥羽、志摩、商都としての繁栄が街の随所に感じられる松阪、個性あふれる街を存分に楽しめる、王道の1日プランをご紹介。

↑四季の移ろいを感じられる自然豊かな神路山、鳥路山を背景に、五十鈴川に架かる内宮の宇治橋。人と神とを結ぶ架け橋だ

神々が住まう鎮守の杜をたどる伊勢の旅

外宮と内宮、2つの神域を歩き、参拝後は賑わう門前町を訪ねる。

時刻	場所	移動
9:00	伊勢市駅	約5分 徒歩、または三重交通バス・外宮内宮線で5分、外宮前下車すぐ
9:05	伊勢神宮 外宮	約10分 外宮前から内宮前まで、三重交通バス・外宮内宮線(庁舎前経由)で10分、下車すぐ
11:00	伊勢神宮 内宮	約5分 内宮前から徒歩
12:30	おはらい町・おかげ横丁	約5分 神宮会館前から徒歩
15:00	猿田彦神社	約15分 猿田彦神社前三重交通バス・外宮内宮線で15分、伊勢市駅前下車すぐ
17:00	伊勢市駅	

豊受大御神を祀る
外宮 を参拝

伊勢神宮 外宮 ➡ P.30
いせじんぐう げくう

伊勢市の中心部、高倉山の麓に鎮まる外宮に祀られているのは、内宮の天照大御神の食事をつかさどる御饌都神・豊受大御神。内宮の前にこちらに参拝するのが、昔からの習わしだ。

↑心地よい木洩れ日が差す玉砂利の参道

↑外宮の正宮。御正殿は唯一神明造という高床式の建築で、せんぐう館で原寸大模型が見られる

天照大御神を祀る
内宮 をへ移動

伊勢神宮 内宮 ➡P.34
いせじんぐうないくう

日本人の大御祖神にして至高至貴の天照大御神を祀る内宮は、五十鈴川のほとりに鎮座する。「心のふるさと」とも称される、神宮林に囲まれた風景が美しい。

⬆風日祈宮橋（かざひのみのみやばし）を渡った先に風日祈宮がある　⬆内宮の正宮。参拝は外玉垣南御門の前で行う

▶プランニングのアドバイス

外宮・内宮とも朝5時から参拝できる。早めの時間に現地入りすれば参拝の混雑を避けやすくなり、余裕をもって動ける。内宮に早朝参拝したいなら、内宮周辺の宿（P.82）に宿泊し、1日目に外宮、2日目に内宮を参拝する1泊2日の日程に。外宮参拝後は河崎（P.70）や二見（P.66）へ、内宮参拝後は神宮徴古館周辺の文化施設を巡るのがおすすめた。神宮関連の博物館や美術館は見応え満点で、じっくり楽しみたいなら半日以上の時間が欲しいところ。おはらい町・おかげ横丁の郷土料理店（P.52）や外宮参道（P.64）など、参拝ついでに門前町でランチをいただくのがおすすめ。ディナーにはぜひ、伊勢エビの豪華な料理（P.79）をいただきたい。

⬆伊勢を代表する新鮮な海の幸を味わえる、海老丸（P.52）

⬆伊勢名物の伊勢うどんもおすすめ。各店のこだわりが生きる（P.80）

門前町で
おかげ参り の風情を満喫

おはらい町・おかげ横丁 ➡P.50
おはらいまち・おかげよこちょう

内宮の門前町であるおはらい町・おかげ横丁は、伊勢の名物が数多く集まる絶好のグルメ&ショッピングゾーン。江戸時代そのままのような街並みを散策したい。

⬆伊勢ならではの逸品を探してみよう　⬆⬆門前町の名物グルメやかわいい雑貨が揃う

神宮の創建ともゆかりのある
道開き の神社へ

猿田彦神社 ➡P.72
さるたひこじんじゃ

神宮鎮座の地を探す倭姫命を伊勢に導いたのは、天孫降臨の道案内をした猿田彦大神の御裔・大田命。神宮の創建と大きな関わりを持つ神社で、道開きのご利益を得たい。

⬇境内にある方位石は、自分の願う方向に触れるとご利益があると伝わる　⬆道開き・交通安全・方位除けの神社として親しまれている

19

海の神秘と海女の文化にふれる鳥羽の旅

人気の巨大水族館を訪ねたら、海への信仰と文化にふれられる相差へ。

9:00	鳥羽駅

約10分
徒歩

9:10	鳥羽水族館

約15分
鳥羽駅からパールロード入口の麻生の浦大橋まで車で国道167号、県道750号を経由し約10km

11:30	パールロード

約15分
鳥羽展望台 食国蔵王から車で県道47号を経由し約8km

14:00	相差

約30分
鳥羽駅まで車で県道47号、国道167号を経由し約17km

17:30	

プランニングのアドバイス

鳥羽駅周辺でレンタカーを手配しておき、水族館見学後に受け取ってパールロードのドライブに出発。鳥羽展望台を過ぎたら県道47号を経由して、相差へ。海女小屋体験（P.99）を満喫したいなら昼頃に着けるよう、水族館見学を後回しにしたい。海鮮料理が自慢の店（P.102）が鳥羽駅周辺やパールロード沿いに多い。冬なら焼きガキ（P.95）もおすすめ。どのカキ小屋も人気なので、予約しておきたい。

↑冬は浦村のカキ小屋が賑わう

飼育種類数日本一の 巨大水族館 を観覧

↑鳥羽水族館の水槽の中に広がる美しい世界

鳥羽水族館 →P.86
とばすいぞくかん

室内型では国内最大級の水族館。生育環境再現の工夫により、多彩な生きものが自然のなかそのままの生命力に満ちた姿を見せてくれる。

↑人魚伝説のモデルになったといわれるジュゴンは水族館のアイドル

海沿いの パールロード をドライブ

↑漁にまつわる展示物が充実

鳥羽市立 海の博物館 →P.92
とばしりつうみのはくぶつかん

海とともに生きる人々の営みや歴史について知ることができる。

↑パールロード随一の眺望が楽しめる

鳥羽展望台 →P.93
とばてんぼうだい

太平洋を一望する絶景展望台。ショップやカフェも併設しており、ドライブ途中の休憩をとるのにも最適なスポットだ。

今も 海女の文化と精神 が 息づく町を散策

相差海女文化資料館 →P.99
おうさつあまぶんかしりょうかん

「海女の心」に育まれてきた相差の文化や歴史、その暮らしについて紹介する資料館。

↑道具や磯着、ジオラマ、海女がテーマの彫刻や絵画も展示

石神さん（神明神社）→P.96
いしがみさん（しんめいじんじゃ）

昔から海女に信仰され、女性限定で願いをひとつ叶えてくれることで知られるパワースポット。

↑女性参拝客から人気を集めている

英虞湾を望む数々の絶景を巡る志摩の旅

自然がつくりだした奇跡の美しさ、英虞湾周辺の絶景スポットを目指す。

9:00
↓ 約5分
徒歩

9:30 遊覧船
↓ 約20分
近鉄・賢島駅から鵜方駅まで普通5分、鵜方駅から車で国道167号を経由し約3.5km

11:30 横山展望台
↓ 約30分
安乗埼灯台まで車で県道514号を経由し約13km

14:30 灯台
↓ 約15分
大王埼灯台からともやま公園まで車で県道602号を経由し約6km

17:00 ともやま公園
↓ 約20分
県道602号、国道260号を経由し約12km

18:30 鵜方駅

プランニングのアドバイス

景勝スポットを巡る旅は自由に移動するために車を利用したい。鵜方駅周辺でレンタカーの手配を。志摩スペイン村（P.114）にも行く場合、1泊2日の日程にして1日は志摩スペイン村観光に、もう1日を周辺スポットの観光にあてたい。ランチは灯台めぐり途中に海沿いのレストラン（P.118）に立ち寄るのがおすすめ。ディナーは贅沢に、志摩自慢のアワビ（P.120）や海鮮食材（P.122）を堪能したい。

英虞湾の 遊覧船 に搭乗

賢島エスパーニャクルーズ ➡P.113
かしこじまエスパーニャクルーズ

賢島から出航し英虞湾を約50分で周遊する遊覧船で、リアス海岸や湾に浮かぶ真珠筏の景観を楽しめる。

⬑横山展望台から眺める英虞湾の風景

世界的にも有名な 英虞湾の絶景 を一望

横山展望台
よこやまてんぼうだい
➡P.108

ここから眺める英虞湾の姿は、志摩を代表する景色のひとつとして知られる独特で印象的なものだ。

⬆空に浮かぶような、ウッドデッキのテラスから英虞湾の眺望が楽しめる

リアス海岸の 夕景 を楽しむ

ともやま公園 ともやまこうえん ➡P.110

英虞湾の東に位置。真珠筏が浮かぶ水面を夕日が染め上げ、夕景スポットとしても人気。

⬑夕暮れどきを狙い、日没時間に合わせて訪れたい

荒波の海を見守る 灯台 めぐり

安乗埼灯台 ➡P.111
あのりさきとうだい

安乗崎の先端に建つ灯台。的矢湾と太平洋の2つの対照的な海景色を見られる。

⬑全国的にも珍しい四角い灯台

大王埼灯台 ➡P.110
だいおうさきとうだい

大王崎に建ち、熊野灘から遠州灘まで見晴らす眺望は多くの画家を魅了した。

⬑荒波が押し寄せる岸壁に建つ

21

9:00	松阪駅
	↓ 約15分 徒歩
9:15	御城番屋敷
	↓ 約4分 徒歩
9:45	松坂城跡
	↓ 約1分 徒歩
10:45	松阪市立歴史民俗資料館
	↓ 約7分 徒歩
11:15	旧小津清左衛門家
	↓ 約13分 徒歩
12:00	松阪駅

商都としての繁栄を偲ぶ松阪の旅

松阪木綿で富をなした商人たちの粋がつくりあげた、美しい街並みのなかへ。

美しい 石畳と生垣 を眺め街歩きスタート

御城番屋敷 ➡P.130
ごじょうばんやしき

武家屋敷が並ぶ風情あふれる一角を散策。かつて松坂城の警護にあたった松坂御城番が暮らした組屋敷を見学。

⟳ 西棟北端の1軒では内部を公開している

豪壮な石垣 がそびえ立つ城跡を歩く

松坂城跡
まつさかじょうあと
➡P.130

蒲生氏郷により築城された街のシンボル。城下町を一望できるビュースポットも。

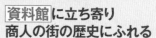

⬆ 築城当初の石垣は野面積み、その後の修復では打込みハギや算木積みの工法が使われた

プランニングのアドバイス

松阪散策は徒歩が基本。日本有数の商都として栄えた江戸時代の風情を色濃く残す、建物や通りをゆっくりと眺めながら歩きたい。松阪木綿の着物をレンタルして、街を散策するのも楽しい。食事は、最高級和牛として知られる松阪牛を楽しみたい。創業100年を超えるすき焼の老舗から、焼肉、ステーキまで、店のバリエーションが豊富なのは本場ならでは。予算に合わせた選択肢が揃っている。

⬆ 和田金(P.132)で老舗の味を

財を築いた 豪商の邸宅 を見学

旧小津清左衛門家 ➡P.131
きゅうおづせいざえもんけ

江戸時代、江戸に店を構え財をなした、松阪屈指の商人の小津清左衛門家の住宅。建物内の各所で当時の松阪商人の生活が垣間見える。

資料館 に立ち寄り商人の街の歴史にふれる

松阪市立歴史民俗資料館 ➡P.131
まつさかりつれきしみんぞくしりょうかん

明治時代に建てられた図書館を改装した資料館。松阪木綿や伊勢おしろいなど、松阪商人に関する資料が揃っている。

⟳ 松坂城跡の敷地内にある風情ある建物

⟳ 見世の間、勘定場、座敷など15ほどの部屋がある

OTONATABI

Ise

伊勢

長きにわたり、
常若の輝きを放つ伊勢神宮。
古（いにしえ）より数多の旅人が
絶えず参詣に訪れる聖なる地で
心を洗われたら、
門前町を訪ね、名物グルメや
おみやげ探しを楽しみたい。

2000年の
歴史が宿る
聖なる地

旅のきほん

エリアと観光のポイント
伊勢はこんな街です

伊勢志摩地方最大の見どころである伊勢神宮が中心。
いたるところでそのゆかりと存在感を感じられる。

伊勢神宮参拝後は
おかげ横丁やおはらい
町でひと休み

伊勢

伊勢市駅に近い参拝の起点
外宮周辺
げくう

習わしで内宮より先に参拝したい外宮は、伊勢の玄関口
である伊勢市駅の近く。伊勢観光はここからスタートす
るのが定石だ。近年、外宮参道も賑わいをみせている。

**観光の
ポイント** 伊勢神宮 外宮 P.30　外宮参道 P.64

五十鈴川上流に鎮まる聖地
内宮周辺
ないくう

神宮の中心となる宮・内宮への参拝はもちろん、おはらい
町・おかげ横町で門前町歩きも楽しみたい。すがすがしい
空気のなか早朝参拝がしたいなら、この近辺に宿泊を。

**観光の
ポイント** 伊勢神宮 内宮 P.34　おはらい町＆おかげ横丁 P.50

神宮関連の文化施設が集合
徴古館周辺
ちょうこかん

神宮徴古館をはじめとする神宮関連
の博物館などの文化施設と別宮・倭
姫宮が集まっている。興味がある人
はぜひ足を運びたい。

**観光の
ポイント** 倭姫宮 P.38
神宮徴古館・農業館 P.48

二見浦の夫婦岩が印象的
二見 ➡P.66
ふたみ

お伊勢参りの禊の場所として、また
宿場町として栄えた歴史を持つ。二
見浦海岸は松林や砂浜が美しい。夫
婦岩の絶景は必見。

**観光の
ポイント** 夫婦岩 P.66
二見興玉神社 P.66

勢田川沿いの問屋街の面影
河崎 ➡P.70
かわさき

かつては「伊勢の台所」と呼ばれ、勢
田川を利用した水運で栄えた。風情
ある蔵や町家の街並みが楽しめる。
おしゃれなショップやカフェも点在。

**観光の
ポイント** 伊勢河崎商人館 P.70

★伊勢河崎商人館

勢田川

河崎

参宮線

二見浦駅

松阪駅

宮町駅

参宮線

松阪駅

月夜見宮 ⛩

伊勢市駅

近鉄山田線

外宮周辺

外宮参道 ★

伊勢市役所 ◎

伊勢神宮 外宮 ⛩

宇治山田駅

徴古館周辺

神宮美術館 ★ 神宮農業館
神宮徴古館 ★
倭姫宮 ⛩

★神宮文庫

高倉山 ▲

御木本道路

近鉄鳥羽線

伊勢IC

見

伊勢古市参宮街道資料館 ★

五十鈴川駅

伊勢西IC

伊勢自動車道

勢和多気JCT

月読宮 ⛩

賢島駅

鳥羽駅

内宮周辺

★猿田彦神社

おかげ横丁 ★

伊勢志摩スカイライン

★おはらい町

宇治神社(足神さん) ⛩

鳥羽

伊勢湾

夫婦岩
二見興玉神社

見浦

右図

松阪駅

伊勢市駅

宇治山田駅

参宮線

伊勢二見鳥羽ライン

二見浦駅

二見JCT

朝熊IC

伊勢神宮 外宮

伊勢IC

楠部IC

二見

松下JCT

鳥羽駅

近鉄鳥羽線

朝熊岳
金剛證寺 卍

第二伊勢道路

伊勢志摩スカイライン 卍

おはらい町・
おかげ横丁

伊勢神宮
内宮 ⛩

伊勢神宮 内宮 ⛩

伊勢市

鳥羽市

島路川

〔 交通 information 〕

伊勢の移動手段

伊勢市駅か宇治山田駅を起点に三重交通
路線バスで主要スポットはまわれるので、
バスの移動が便利。中心部から離れた二
見方面に向かうなら電車を利用したい。
車の場合、年中混雑する神宮周辺は駐車
場に入れないことも多いので注意。

周辺エリアとのアクセス

鉄道

JR/近鉄・松阪駅

快速みえで20分 ／ 近鉄特急で12分

JR/近鉄・伊勢市駅

近鉄特急で2分

快速みえで6分 ／ 近鉄・宇治山田駅

JR 二見浦駅

近鉄特急で11分

快速みえで7分

JR/近鉄・鳥羽駅

近鉄特急で30分

近鉄・賢島駅

車

松阪IC

伊勢自動車道経由
36km ／ 伊勢自動車道経由 34km

	伊勢西IC

伊勢IC

伊勢二見鳥羽ライン経由 7km

二見

伊勢二見鳥羽ライン経由 8km

鳥羽

国道167号経由 24 km

賢島

問い合わせ先

観光案内
伊勢市駅観光案内所　☎0596-65-6091
外宮前観光サービスセンター
　　　　　　　　　　☎0596-23-3323
二見浦観光案内所　　☎0596-43-2331
伊勢市観光協会　　　☎0596-28-3705

交通
三重交通 伊勢営業所　☎0596-25-7131

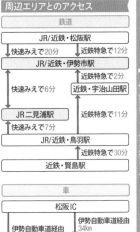

伊勢はこんな街です

悠久の時を超えて
再生を繰り返す永遠の聖地!

伊勢神宮
いせじんぐう

宇治橋から大鳥居をくぐり、参道の玉砂利を踏みしめ、
神宮の森に包まれれば、心は自然と厳粛な気持ちに
清浄な空気に満ちた神域で、最高位の神に詣でる

日本全国の神社のなかでも別格
大御祖神と衣食住の神が住まう

　正式な名称は神宮。創建は約2000年
前とされ、日本を代表する神社のひと
つだ。天皇が国の平安や五穀豊穣を祈
る御宮として生まれ、江戸時代には広
く庶民に普及。皆がこぞって伊勢へ詣
でるおかげ参りが大流行した。神宮の
神域は内宮と外宮など広域にわたる。
内宮の祭神は、最高位の神で日本人の
大御祖神である天照大御神。外宮には
天照大御神の食をつかさどる衣食住の
神・豊受大御神を祀る。

　太古の面影を残す社殿や日々の神事
には、日本の伝統が息づいている。主
祭神を祀る正宮以外にも、さまざまな
神様を祀る多くの宮社がある。時間を
ゆっくりとって参拝したい。

伊勢神宮
参拝の前に

伊勢神宮は内宮、外宮の2つの正宮がある。内宮、外宮間のアクセスと参拝作法を知っておきたい

約4km離れた外宮と内宮間の移動

伊勢神宮のアクセス

伊勢市駅から外宮へは徒歩圏内だが、それ以外の移動はバスの利用が便利だ。

バスでアクセス

外宮と内宮を結ぶバスは、三重交通の路線バスが2系統と周遊バスのCANばすの3種類。途中、神宮徴古館前で下車する場合は、路線バスの51系統またはCANばすを利用。

伊勢市駅		宇治山田駅
徒歩5分		徒歩10分
バス 三重交通路線バス51系統/55系統/CANばすで3分		バス 三重交通路線バス51系統/55系統/CANばすで7分

↓

外宮前
バス 三重交通路線バス51系統/CANばすで7分

↓

神宮徴古館前
バス 三重交通路線バス51系統/CANばすで4分

↓

五十鈴川駅
バス 三重交通路線バス51系統/CANばすで6分

↓

（左側）バス 三重交通路線バス55系統で10分

内宮前

CANばす 宇治山田駅と鳥羽市の鳥羽水族館・ミキモト真珠島を結ぶ周遊バス。鳥羽方面への観光にも利用できる。

車でアクセス

外宮から内宮へは県道32号で約10分。外宮は近くに無料駐車場がある。内宮は有料のみで、近くの駐車場は満車のことが多い。朝早めに行くか、市営などの少し離れた駐車場へ。

伊勢神宮 外宮
県道32号経由5分

伊勢西IC
県道32号、国道23号経由5分

伊勢神宮 内宮

凡例:
—○—○— 路線バス55系統
55　55系統のみ停車
—○—○— 51系統と
51/CAN　CANばすが停車
▭　3路線すべて停車
※51系統には、主要バス停のみ停まる特急便もあるので注意

確認しておきたい参拝の作法とマナー

神社の一般的なマナーのほかに、伊勢神宮ならではの作法もある。
神聖な場所にお参りしているという気持ちを忘れずに行動したい。

参拝の順番
伊勢神宮では、外宮、内宮の順で参拝するのが昔からの風習。一方だけの片参りもなるべく避けたい。

参拝時の服装
神聖な場所なので、肌の露出度の高い服は避けたい。ピンヒールは玉砂利を歩きにくいので不向き。

手水でお清め
柄杓の水で左手、右手の順に洗ったら、左手に水を受けて口をすすぎ、再び左手、柄杓の柄を清める。

宮域内を歩く
外宮では参道の左側、内宮では右側を歩くのが神宮の昔からの習わし。

正宮、別宮の順
最初は最も神聖な正宮、続いて第一別宮、ほかの別宮、摂社・末社・所管社の順に参拝する。

鳥居の前で一礼
鳥居は手前で一礼してからくぐるようにしたい。神様の家の玄関に訪れたつもりで、敬意を表そう。

拝礼の作法
深いお辞儀を2回、胸の高さで手を合わせ、右指先を少し下にずらして2拍手、再び深いお辞儀を1回する。

感謝の気持ち
外宮と内宮の正宮は神恩への感謝を捧げる場所。願い事ではなく、日常への感謝の気持ちを伝えよう。

早朝の参拝
早朝の参拝は静かで、より神聖な気分に。神宮会館(P.82)では宿泊客対象の内宮早朝参拝案内を実施。

門前町へ
門前のおはらい町・おかげ横丁に立ち寄って、おみやげ探しや伊勢名物を楽しみながらひと休み。

参拝information

伊勢神宮ガイド

伊勢神宮の歴史や建築についての深い話はガイドさんに聞こう。観光協会による無料ガイド「お伊勢さん観光ガイドの会」と、検定「お伊勢さん」上級編合格者による有料ガイド「お伊勢さん観光案内人」の2種類がある。「お伊勢さん観光ガイドの会」は外宮のみ当日ガイドの実施。

お伊勢さん観光案内人
☎0596-24-3501(美し国観光ステーション)
受受付9:00～15:00(3日前までに要予約)
料内宮3500円、外宮2500円(1～5人の場合。6人以上は人数により変動あり。交通費など実費は別途必要)

お伊勢さん観光ガイドの会
☎0596-63-6262(外宮前観光案内所)
受9:30～15:00(7日前までに要予約)
料無料(交通費などは別途必要)

特別な御祈祷

伊勢神宮で特別なお願いがしたい人のために2種類の御祈祷を紹介。

優雅な舞楽を奉納

御神楽 おかぐら

舞楽を神前に奉納する。国家安泰や五穀豊穣などの祈りとともに、個人の願い事も一緒に祈願する。神職からお祓いを受け、神饌(神様の食事)のお供えと、祝詞の奏上のあとに御神楽が始まる。最後に、御祈祷を受けた証しとして御神札とお下がり(神饌)をいただける。

⤴舞女たちによる優雅な倭舞

御神楽の種類
雅楽の調べに合わせて舞女が舞う「倭舞(やまとまい)」、神楽人が一人で舞う「人長舞(にんじょうまい)」、舞の数や御祈祷を受ける人数などによって初穂料(はつほりょう)が決められている(1万5000円～)。

申込
内宮と外宮の神楽殿で8時から15時30分頃まで随時受け付けている。外宮の神楽殿は少し小さいが、御神楽の内容は共通。所定の用紙に願い事を書き、初穂料を添えて渡し、待合室で順番を待つ。所要は25～40分。

神様に食事をお供え

御饌 みけ

神様に神饌と呼ばれる食事を供えて祈祷を行う。お祓いのあとに神饌が供えられ、祝詞を奏上。場所は神楽殿で所要約15分。初穂料(5000円～)によりいただく御神札が異なる。

⤴外宮の御饌は御神楽と同じく神楽殿で、内宮では御饌殿で執り行われる

市街地に広がる静寂の森に人々の営みを見守る神様が住む

伊勢神宮 外宮
いせじんぐうげくう

お伊勢参りは外宮から。宮域に入ったら、
まずは産業の神様の住む正宮へ向かい、
毎日の衣食住の恵みに感謝を捧げよう。

最高神の食生活を託されて
下界に現れた産業の神様

　外宮の正式名称は豊受大神宮。天照大御神の
食をつかさどる豊受大御神を祀り、内宮創建か
ら約500年後の雄略天皇22年(478)に鎮座した
と伝わる。豊受大御神は、衣食住の恵みを与える
産業神ともいわれる。祭神を祀る正宮や別宮な
どへの参拝後は、せんぐう館へ。普段近づけない
御正殿の原寸大模型や式年遷宮の展示は必見。
装束や神宝に関する展示品も見学できる。

MAP 付録P.10A-4
☎0596-24-1111(神宮司庁) 住伊勢市豊川町 時5:00～
18:00(5～8月は～19:00、10～12月は～17:00) 休無休 料
無料 交JR／近鉄・伊勢市駅から徒歩5分 Pあり

1 表参道火除橋
おもてさんどうひよけばし
神域と俗界の架け橋

⤴小さな火除橋を渡ったら、手水舎で手
と口を清めてから第一鳥居をくぐろう

外宮の玄関口。防火の役目を持つ堀川に架かるのが名の由来。

外宮の参拝ルート

衛士見張所
手水舎
火除橋
御厩 8
裏参道
忌火屋殿
正宮
古殿地
内院
斎館
五丈殿
九丈殿
7 神楽殿
3
多賀宮遥拝所
川原祓所
亀石
土宮 5
6 風宮
御池
第二鳥居
第二鳥居
4 多賀宮
下御井神社
御池

伊勢市駅
外宮北
★外宮参道 P.64
御木本道路
外宮前
外宮前
衛士見張所
START&GOAL
清盛楠
1 表参道火除橋
手水舎
9 せんぐう館
2
表参道
奉納舞台
第一鳥居
まがたま池
内宮

N
0   50m

2 表参道
おもてさんどう
歩きながら心を清める道

第一、第二鳥居に続く参道。足元に敷かれた
玉砂利が身を清め、心を落ち着かせてくれる。

注目ポイント
清盛楠
きよもりぐす

手水舎向かいの古木は、平清盛が
勅使として参向した折、冠に当たっ
た枝を切らせたとの伝説が残る。

拝観の目安◆約1時間

伊勢神宮 外宮 拝観コース

1	→	2	→	3	→	4	→	5	→	6	→	7	→	8	→	9
表参道火除橋	徒歩1分	表参道	徒歩3分	正宮	徒歩3分	多賀宮	徒歩1分	土宮	徒歩1分	風宮	徒歩1分	神楽殿	徒歩3分	御厩	徒歩5分	せんぐう館

❖みずみずしい緑とすがすがしい空気に包まれる表参道。聖域に足を踏み入れたことを実感できる

3 正宮
しょうぐう

△一般参拝場所の外玉垣南御門。祭神を祀る建物は御垣の間から屋根をわずかに望むのみ

外宮で最も神聖な場所

祭神 **豊受大御神**
とようけのおおみかみ

祭神の豊受大御神を祀る御正殿が建つ。御正殿は唯一神明造と呼ばれる高床式の建築。ただし、四重の御垣に守られて一般の人は近づけない。一般参拝は、外から二重目の御垣にある外玉垣南御門から行う。
とのたまがきみなみごもん

注目ポイント

正宮の社殿配置

外宮では御正殿の手前に西宝殿（さいほうでん）、東宝殿（とうほうでん）が並び、北東角に神様のお食事を供える御饌殿（みけでん）があるのが特徴。正宮は隣接して2つの敷地があり、式年遷宮で建て替える際に交互に利用している。現在、更地の場所を古殿地（こでんち）といい、次の遷宮の祭典が始まると、古殿地は新御敷地（しんみしきち）と呼び名を変える。

```
                  外幣殿   北宿衛屋   御饌殿
                                      板垣
                     御正殿          外玉垣
           内院
                                    内玉垣
           瑞垣  西宝殿 東宝殿
                瑞  南
                垣  御
                   門
                内玉垣南御門      蕃垣
           中重鳥居            四丈殿
        南宿衛屋      外玉垣南御門
```

4 多賀宮
たかのみや
別宮

正宮に次ぐ格式

祭神 **豊受大御神荒御魂**
とようけのおおみかみのあらみたま

別宮のなかで最も格式の高い第一別宮。祭神・豊受大御神の荒御魂を祀り、行動的で力強い神様といわれる。小高い丘の上にある。

注目ポイント

荒御魂
あらみたま

神様の穏やかな側面を和御魂（にぎみたま）、行動的な面を荒御魂と呼ぶ。

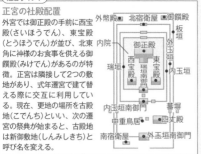

△小川を渡り、98段続く石段を上りきると多賀宮の社殿がある

△神明造の古風な社殿が木立の中にたたずむ

6 風宮 かぜのみや 【別宮】

神風の貢献で別宮に格上げ

農業に重要な風雨をつかさどる神様を祀り、五穀豊穣の祈りの場とされた。鎌倉時代の元寇で、蒙古軍に神風を吹かせた神様と伝えられる。

祭神 級長津彦命、級長戸辺命

⬆️風雨の順調を祈るお宮。土宮の向かいにある

⬆️入母屋造の建物は2000年造営

7 神楽殿 かぐらでん

御朱印やお守りも手に入る祈祷所

舞楽の奉納や御饌による祈祷を行う場。授与所があり、御神札やお守り、御朱印の記帳の受付も行う。

5 土宮 つちのみや 【別宮】

外宮の土地を守る神様

外宮創建前からの土地の守り神。平安末期に、宮川の氾濫から守る堤防の守護神として敬われた。ほかの別宮は南向きだが、ここのみ東を向いている。

祭神 大土乃御祖神

⬆️東向きに建つ理由は不明のままで、南向きだと正宮に背を向けてしまうためなど諸説ある

8 御厩 みうまや

毎月3回神馬がお参り

皇室から奉納された神馬を飼育。毎月1・11・21日の朝8時頃、菊花紋章の馬衣で正宮へ参拝する様子が見られる。

⬆️神馬が2頭おり、月に3回、神前に牽参(けんざん)する

9 せんぐう館 ➡️ P.48

式年遷宮や神宮を紹介する博物館

式年遷宮を紹介する展示や映像、外宮御正殿の原寸大模型など、参拝ではわからない神宮を知ることができる。

⬆️装飾や神宝なども展示

外宮ならではの神様の食堂

外宮には、神様が毎日いただく食事用の台所と食堂がある。神職たちは毎日朝夕に神様の食事(神饌)を調理し、食堂(御饌殿)へ供える。1日2回なのは、古代の人々が1日2食だったからという。

忌火屋殿 いみびやでん

神様に供える食事専用の調理場。特別な器具で清浄な火(忌火)をおこして神職が調理する。内宮の忌火屋殿は特別な祭事のみ利用される。

御饌殿 みけでん

神様の食事を供える食堂の役割。毎日朝夕2回、忌火屋殿で調理された神饌が運ばれ、神事が行われる。

いよいよ神宮のハイライト。至高至貴の輝かしい神様のもとへ

伊勢神宮 内宮
いせじんぐうないくう

外宮をお参りしたら、天照大御神を祀る
あまてらすおおみかみ
内宮正宮へ。五十鈴川の澄んだ水が
参拝前の心と体を清らかにしてくれる。

清流岸辺の美しい森にある
神宮125社で最も尊い聖地

　神宮の中心的存在で、正式名称は皇大
こうたい
神宮。約2000年前、清らかな五十鈴川の
じんぐう
ほとりに広がるこの森に天照大御神が祀
られ、伊勢神宮の歴史が始まったという。
美しい宇治橋を渡って神苑脇の参道を進
うじばし
み、森へ分け入ると、祭神を祀る正宮が
ある。子授け・安産の子安神社も建つ。
こやすじんじゃ

MAP 付録P.9 E-4
☎0596-24-1111(神宮司庁)
所伊勢市宇治館町1
時5:00〜18:00(5〜8月は〜19:00、10〜12月は〜
17:00) 休無休 料無料 交JR/近鉄・伊勢市駅か
ら三重交通バス・内宮行きで20分、終点下車すぐ
Pあり(市営駐車場利用・有料)

1 宇治橋
うじばし

結界の橋から神宮最上の聖域へ

俗界と聖域を結ぶのは、長さ約100mの
純日本風の反り橋。20年に一度、式年遷
宮の4年前に架け替えられる。

注目ポイント

宇治橋大鳥居
うじばしおおとりい
橋の両端の大鳥居
は、内宮・外宮の旧
御正殿の棟持柱を
再利用したもの。

⇦冬至の日に、宇治橋の
鳥居から朝日が昇る神々
しい風景が見られる

内宮の参拝ルート

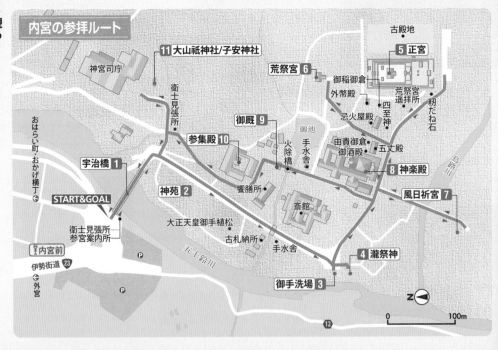

神宮司庁

11 大山祇神社/子安神社

古殿地

5 正宮

荒祭宮 6

御稲御倉

衛士見張所

外幣殿

荒祭宮
遥拝所

忌火屋殿

籾だね石

御厩 9

御池

手水舎

四至神

参集殿 10

火除橋

由貴御倉
御酒殿

五丈殿

宇治橋 1

START&GOAL

神苑 2

饗膳所

斎館

8 神楽殿

風日祈宮 7

おはらい町・
おかげ横丁⇦

衛士見張所
参宮案内所

大正天皇御手植松

古札納所

手水舎

4 瀧祭神

五十鈴川

内宮前

伊勢街道 23

⇦外宮

P

P

P

御手洗場 3

N

0　　　　100m

12

34

2 神苑
しんえん
春と秋は神楽祭の舞台に

宇治橋を渡った参道両側に
広がる、松の植えられた芝
生が広がる地。大相撲春巡
業の際には、横綱土俵入り
がここで奉納される。

拝観の目安◆約1時間

伊勢神宮 内宮 拝観コース

1	→	2	→	3	→	4	→	5	→	6	→	7	→	8	→	9	→	10	→	11
宇治橋	徒歩2分	神苑	徒歩3分	御手洗場	徒歩1分	瀧祭神	徒歩5分	正宮	徒歩3分	荒祭宮	徒歩7分	風日祈宮	徒歩3分	神楽殿	徒歩3分	御厩	徒歩1分	参集殿	徒歩3分	大山祇神社／子安神社

⤴緑の芝生が広がる開放的な空間。
秋には紅葉が美しい

注目ポイント
大正天皇御手植松
たいしょうてんのうおてうえまつ
明治24年(1891)、
大正天皇が皇太子
時代に記念にお手
植えした松を神苑
で見られる。

3 御手洗場
みたらし
清流で手を清めたい

五十鈴川の岸辺にある清めの場。徳川綱吉の生母・桂昌院(けいしょういん)が寄進したと
される石畳が敷かれている。ここで手を清めるのが古来の作法だった。
⤵五十鈴川上流の豊かな自然が広がる。紅葉の季節には川面が鏡面となって木々の赤や黄色を映し出す

4 瀧祭神　所管社
たきまつりのかみ
五十鈴川を守る神様を祀る

祭神 たきまつりのおおかみ
瀧祭大神

五十鈴川の守護神である瀧祭大神を祀る。板垣に
囲まれた内部に社殿はなく、石畳に祀られている。

⟳簡素だが
所管社で第1
位の格式を
持つ

伊勢神宮 内宮

注目ポイント
内宮の紅葉
内宮では11月下旬
～12上旬に紅葉を
楽しめる。御手洗
場や風日祈宮橋付
近が特に美しい。

5 正宮
しょうぐう

神宮で最も聖なる場所

石段を上ると、四重の御垣に囲まれて、天照大御神を祀る唯一神明造の御正殿が建つ。御正殿には、神職が交代で番をする宿衛屋という建物がある。一般参拝は二重目の御垣にある外玉垣南御門の前で。

祭神 天照大御神
あまてらすおおみかみ

↩写真撮影は階段の下までなので注意

注目ポイント

正宮の社殿配置

外宮よりも少し敷地が広く、西宝殿（さいほうでん）と東宝殿（とうほうでん）が御正殿の後ろにある。内宮・外宮の御正殿の中央床下の地中には、心御柱（しんのみはしら）と呼ばれる木柱がある。見るのもはばかられる神聖な柱で心御柱に関する祭事は秘儀とされている。

北宿衛屋
東宝殿
西宝殿
板垣
外玉垣
内院
御正殿
内玉垣
瑞垣
瑞垣南御門
蕃垣
蕃垣御門
内玉垣南御門
蕃塀
中重鳥居
四丈殿
南宿衛屋
外玉垣南御門

6 荒祭宮
あらまつりのみや

別宮

正宮と併せて参拝したい

別宮で最も格上の第一別宮。天照大御神の一面である、荒御魂（あらみたま）（行動的で活発な魂）を祀る。正宮に次ぐ規模の神明造の建物だ。

祭神 天照大御神荒御魂
あまてらすおおみかみのあらみたま

↑木立に囲まれて緑の中にたたずむ

7 風日祈宮 別宮
かざひのみのみや
豊穣の祈りが捧げられる

風雨をつかさどる神を祀る。5月と8月には、風雨の順調と五穀豊穣を願う風日祈祭を斎行。外宮の風宮と同様、元寇で神風を吹かせた神。

祭神 級長津彦命、級長戸辺命

↑祭神はともに伊弉諾尊(いざなぎのみこと)の御子神

注目ポイント
かざひのみやばし
風日祈宮橋
五十鈴川支流の島路川(しまじがわ)に架かる橋の上からは、新緑や秋の紅葉が楽しめる。別名は五十鈴川御橋(いすずがわみはし)。

↑宇治橋に似た風情ある橋。渡った先に風日祈宮がある

8 神楽殿
かぐらでん
銅板葺入母屋造の重厚な社殿

御神楽や御饌などの祈祷を行う神楽殿と御饌殿が建つ。お守りや御朱印を授ける御神札授与所もある。

↑祈祷の受付所も設けている。予約は不要

9 御厩
みうまや
神馬の参拝風景を見学

神様の乗り物とされる神馬がいる。外宮同様、毎月1・11・21日の8時頃に神職に伴われ正宮へ参拝する。

↑参拝時は神馬も正装して向かう

10 参集殿
さんしゅうでん
参拝途中にここでひと休み

参拝者向けに用意された無料休憩所。中央にある能舞台では、能や狂言の奉納などの行事が行われる。

↑ひと休みしたら子安社へ向かおう

11 大山祇神社／子安神社 所管社
おおやまつみじんじゃ/こやすじんじゃ
安産や子授け祈願に鳥居を奉納

子安神社は安産・子授けの神・木華開耶姫神を祀る。大山祇神社はその父神で、神路山の入口の守護神・大山祇神を祀る。

祭神 大山祇命・木華開耶姫命

↑子安神社には小さな鳥居が奉納されている

神明造が間近で見学できます

神様を祀る御正殿は、御垣や御幌(絹の布)に閉ざされて参拝場所からは見られない。小規模ながら、近くで見られる同様の形式の建物を紹介。

御稲御倉 みしねのみくら
神宮神田(P.68)で収穫した稲を納める穀倉であり、内宮の所管社のひとつ。三節祭のときに神様に供える。

外幣殿 げへいでん
古神宝類を納める場所。高床式の建物は、古代の倉庫そのものの趣を持つ。

伊勢神宮 内宮

37

知っておきたい正宮に次ぐお宮のこと

伊勢神宮の別宮
いせじんぐうの べつぐう

参拝後に時間があれば、伊勢神宮の宮域を離れ、周辺に点在する神宮所属の宮社を訪ねてみたい。

伊勢神宮 別宮の分布

神宮は125社の総称。宮社は伊勢市外にも

伊勢神宮は2カ所の正宮をはじめ、別宮、摂社、末社、所管社を含めた125社で構成される。正宮に次いで尊いとされるのが別宮で、正宮同様、重要祭典で皇室からの幣帛が供えられ、式年遷宮のたびに社殿の建て替えが行われている。14ある別宮のうち9社が内宮と外宮以外の場所にあり、伊勢市内のほか近隣の街にまで及ぶ。天照大御神にゆかりの深い神々を祀る宮、倭姫命が伊勢への巡幸中に天照大御神を祀った伝承地が選ばれている。

伊勢神宮の宮社の分類

正宮 しょうぐう
神宮の中心的な最も尊い宮。内宮と外宮には、それぞれの主祭神が祀られている。

別宮 べつぐう
正宮の「わけのみや」。正宮に次ぐ尊い宮。次いで、摂社、末社、所管社の位置づけとなる。

摂社 せっしゃ
延長5年(927)にまとめられた『延喜式神名帳』(官社の一覧表)に記載のある神社。

末社 まっしゃ
『延喜式神名帳』には未掲載だが、神宮の儀式をまとめた『儀式帳』に記載のある神社。

所管社 しょかんしゃ
正宮または別宮が所管。御稲御倉など、天照大御神の衣食住に関わる神様などを祀る。

伊勢神宮の宮社数

	内宮	外宮	合計
正宮	1	1	2
別宮	10	4	14
摂社	27	16	43
末社	16	8	24
所管社	30	4	34
別宮所管社	8		8
合計	92	33	125

天照大御神の弟神
月夜見宮　外宮の別宮
つきよみのみや

外宮の北御門から神路通りを北へ約300mの距離に鎮座。外宮の別宮で唯一宮域外にあり、天照大御神の弟神・月夜見尊を祀る。月夜見尊の行動的な一面である月夜見尊荒御魂も一緒に祀られている。宿衛屋でお守りや御朱印を受け付けている。

祭神 **月夜見尊、月夜見尊荒御魂**
つきよみのみこと つきよみのみことのあらみたま

◆社殿屋根の装飾木は外宮御正殿と同様の特徴を持つ
外宮周辺 **MAP** 付録P.10A-1
☎0596-24-1111(神宮司庁) 伊勢市宮後1-3-19
❷JR／近鉄・伊勢市駅から徒歩3分

文化の森にある
倭姫宮　内宮の別宮
やまとひめのみや

大正12年(1923)、内宮と外宮の中央の丘陵地、倉田山に創建。祭神の倭姫命は11代垂仁天皇の皇女で、天照大御神の鎮座地を求めて伊勢にたどり着き、神宮創建の立役者となった。付近には神宮徴古館・農業館(P.48)や神宮美術館(P.48)もある。

祭神 **倭姫命**
やまとひめのみこと

◆静かな森の中にある。付近には神宮関連の文化施設が集まる
徴古館周辺 **MAP** 付録P.7 D-3
☎0596-24-1111(神宮司庁) 伊勢市楠部町5 ❷JR／近鉄・伊勢市駅から三重交通バス・内宮前行きで10分、神宮徴古館前下車、徒歩5分

祭神
月読尊、月読尊荒御魂
（つきよみのみこと　つきよみのみことのあらみたま）
伊弉諾尊、伊弉冉尊
（いざなぎのみこと　いざなみのみこと）

月読荒御魂宮

伊佐奈岐宮

月読宮

伊佐奈弥宮

天照大御神の弟と父母を祀る宮が仲良く並んで建っている

親子神の4宮が横一列に並ぶ
月読宮
内宮の別宮
つきよみのみや

内宮から約1.8kmの御幸道路沿い。祭神の月読尊は天照大御神の弟神で、夜を支配する月の神様。月夜見宮の月夜見尊と同じ神だが、異なる漢字で表される。境内にはほかに、月読尊荒御魂を祀る月読荒御魂宮、月読尊の両親で夫婦神の伊弉諾尊、伊弉冉尊を祀る伊佐奈岐宮、伊佐奈弥宮もあり、4宮が並んで建つ。

注目ポイント
4宮の参拝の順番
並び建つ4宮は参拝順序が決まっている。最初は向かって右から2番目の月読宮、次いで右端の月読荒御魂宮、その次が左から2番目の伊佐奈岐宮、最後が左端の伊佐奈弥宮。境内に順序を示す立札があるので、確認してから参拝を。

五十鈴川駅周辺 MAP 付録P.9 E-1
☎0596-24-1111（神宮司庁）
所伊勢市中村町742-1
交近鉄・五十鈴川駅から徒歩10分

神秘的な渓谷に建つ
瀧原宮
内宮の別宮
たきはらのみや

祭神
天照大御神御魂
（あまてらすおおみかみのみたま）

瀧原宮と瀧原並宮の2宮が建ち、いずれも天照大御神御魂を祀る。内宮から離れて祀られるため遙宮と呼ばれる。瀧原並宮は天照大御神の荒御魂（行動的な魂）との説もある。森に囲まれた宮域が内宮の地形と似る。

瀧原並宮　瀧原宮

⤴境内は渓谷の緑が深く神秘的な雰囲気

瀧原駅周辺 MAP 本書P.2 B-3
☎0596-24-1111（神宮司庁）
所大紀町滝原872　交JR滝原駅から徒歩20分／紀勢自動車道・大宮大台ICから車で5分

田植え祭りが有名
伊雑宮
内宮の別宮
いざわのみや

祭神
天照大御神御魂
（あまてらすおおみかみのみたま）

瀧原宮と同じく天照大御神御魂を祀る遙宮。倭姫命が、天照大御神へ捧げる神饌（お供え）の原料を求めて訪れた地とされる。神田が隣接し、6月に行う御田植式は日本三大田植祭のひとつ。

⤴志摩の海が近く、漁師や海女から信仰されている

上之郷駅周辺 MAP 付録P.5 D-1
☎0596-24-1111（神宮司庁）　所志摩市磯部町上之郷374　交近鉄・上之郷駅から徒歩5分／伊勢自動車道・伊勢西ICから車で30分

伊勢神宮に祀られている神々

天照大御神を中心に、その親族やゆかりの深い神々などが正宮と別宮などに祀られる。一般的に知られる、神話での位置づけを紹介。

伊弉諾尊（いざなぎのみこと）　伊佐奈岐宮（P.39）の祭神
伊弉冉尊（いざなみのみこと）　伊佐奈弥宮（P.39）の祭神
日本神話の神々の原点となる夫婦神で、日本の国土や多くの神々を生んだ。妻の伊弉冉尊が黄泉の国へ旅立ったのち、夫の伊弉諾尊は天照大御神を誕生させた。

天照大御神（あまてらすおおみかみ）　内宮 正宮（P.36）の祭神
伊勢神宮の主祭神。万物のエネルギーの源となる太陽にもたとえられる、八百万の神々を統率する最高神、日本人の大御祖神、皇室の祖神。

◐天照大御神を祀る内宮の正宮。天孫降臨した瓊瓊杵尊（にぎのみこと）は孫神にあたるとされる

月夜見尊（つきよみのみこと）　月夜見宮（P.38）の祭神
月読尊（つきよみのみこと）　月読宮（P.39）の祭神
天照大御神の弟神、夜を治める月の神。その神徳は太陽にたとえられる天照大御神に次ぐ。月の満ち欠けに関わる農業や漁業の守護神でもある。「月夜見」「月読」と漢字が違っても同一の神。

級長津彦命、級長戸辺命（しなつひこのみこと、しなとべのみこと）　内宮 風日祈宮（P.37）の祭神
伊弉諾尊が朝霧を吹き払った息から生まれた風の神。級長戸辺命は級長津彦命の別名とする説や、風の女神で男女一対とする説がある。

大山祇命（おおやまつみのみこと）　内宮 大山祇神社（P.37）の祭神
伊弉諾尊と伊弉冉尊の間に生まれた山の神で、五十鈴川上流の神路山の守護神。

豊受大御神（とようけのおおみかみ）　外宮 正宮（P.32）の祭神
天照大御神の食をつかさどる外宮の祭神。五穀をはじめ、衣食住全般の産業の神。

木華開耶姫命（このはなさくやひめのみこと）　内宮 子安神社（P.37）の祭神
大山祇命の娘神で、天孫降臨した瓊瓊杵尊の后となった美しい女神。火中で3柱の神を生み、さらにその孫が初代天皇の神武天皇にあたる。

大土乃御祖神（おおつちのおおやのかみ）　外宮 土宮（P.33）の祭神
外宮鎮座前から山田原を守る土の神。外宮鎮座後は宮域の地主神、宮川堤防の守護神とされる。

瀧祭大神（たきまつりのおおかみ）　内宮 瀧祭神（P.35）の祭神
五十鈴川を守護する水神。古来内宮の所管社ながら別宮に準じて祭典が奉仕される特殊な神。

倭姫命（やまとひめのみこと）　倭姫宮（P.38）の祭神
11代垂仁天皇の皇女。神宮創建に寄与。

伊勢神宮の別宮

永遠の聖地をめぐる2000年の旅

日本最古の神社のひとつとされる伊勢神宮の起源を求め、はるか2000年前へとタイムスリップ。
最高神・天照大御神の快適な安住の地を探し求める旅から、伊勢神宮の誕生物語は始まる。

伊勢神宮は何故に日本最高の聖地といわれるのか?

八百万の神のトップが自ら選んだ安住の地
日本の平穏を見守り続ける神様が今も鎮座する

伊勢神宮の祭神は、皇室の祖先神で、日本人の大御祖神とされる天照大御神。八百万の神の最上位とされる神、万物に影響を与える太陽にたとえられる神ともいわれ、『天岩戸神話』では、日本の秩序をつかさどる神として描かれる。その天照大御神の鎮座地とされるのが伊勢神宮。内宮に祀られる天照大御神は、「今もそこに鎮座する最高神」であることから、天照坐皇大御神という祭神名を持つ。伊勢神宮が最高の聖地とされる所以だ。伊勢神宮は全国の神社の本宗であり、全国の神社のなかでも別格の存在とされている。

天照大御神の天岩戸神話

天照大御神は、末弟・須佐之男命の乱暴な振る舞いに嘆き苦しみ、天岩戸に身を隠してしまう。すると世の中は闇に包まれた。困った八百万の神は、天鈿女命に愉快な踊りをさせて、天照大御神を天岩戸から外へ出すことに成功する。世の中は明るさを取り戻し、平穏な日常が戻ったという。

⊃ 踊りが気になり天照大御神が顔をのぞかせたところで、力自慢の手力男命(たちからおのみこと)が岩戸を開け放った。この伝説の舞台となったとされる岩戸は、全国に数多くある。『大日本名将鑑』〈国立国会図書館蔵〉

紀元前1世紀　神様の鎮座地を求めた倭姫命の旅

太陽の神・天照大御神にふさわしい
理想の地を求めて皇女が諸国を駆け巡る

『日本書紀』によると、10代崇神天皇の時代に疫病が流行り、多くの犠牲者を出した。崇神天皇は宮中で祈りを捧げたが、願いは叶わなかったという。そんな折、崇神天皇が、宮中に祀る天照大御神を宮中外へ遷すよう命じる。その理由は、「疫病退散のために神が下したお告げ」、あるいは「宮中に天照大御神を祀るのは畏れ多いと感じたから」ともいわれる。大和の笠縫邑に天照大御神を祀る宮が整えられ、皇女の豊鍬入姫命が天皇に代わって昼夜奉仕をした。

やがて疫病は止み、人々の生活が豊かになると、11代垂仁天皇は天照大御神をより良い場所へ遷すことにする。候補地探しを命じられた皇女の倭姫命は理想の宮地を求め、伊賀、近江、美濃などを巡行。伊勢の国・度会にある宇治の五十鈴川上流にたどり着いた。倭姫命が巡行の途中に立ち寄り天照大御神を祀ったとされる伝承地が近畿各地にある。それらの地は元伊勢と呼ばれ今も大切にされている。

⊃ 『伊勢参宮名所図会』〈国立国会図書館蔵〉全8巻の江戸時代の旅行ガイドにも倭姫命の巡行の伝説が紹介されている。巻之五には、稲穂をくわえた鶴の姿に、「もの言わぬ鳥さえ天照大御神にお供えをする」と感動を覚え、稲の生えていた土地にお宮を建てたという話が、伊雑宮の由緒として登場

二見 ⊃P.66

夫婦岩(めおといわ)の浮かぶ伊勢の二見浦は、倭姫命が巡行で最初に上陸した地と伝わり、参宮前の禊(みそぎ)の場となった。倭姫命が景色の美しさに二度振り返ったのが二見の地名の由来という。

伊勢 ● 伊勢神宮の歴史

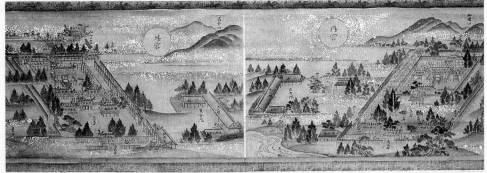

↑江戸時代の伊勢神宮の内宮(右)と外宮(左)。『伊勢両社宮画』〈斎宮歴史博物館蔵〉

紀元前1世紀 五十鈴川のほとりに 天照大御神が鎮座

美しい自然に恵まれた「うまし国」伊勢が 天照大御神の永住の地「神宮」に選ばれる

　倭姫命が伊勢に入ったのは、伝承によれば垂仁天皇26年（紀元前4年）とされている。天照大御神は伊勢にたどり着いた倭姫命に、「この神風の伊勢の国は常世の浪、重浪の帰する国なり。傍国の可怜し国なり。この国に居らむと欲う（この神風の伊勢の国は、永遠の国の波が打ち寄せる国である。辺境にあるが、美しく立派な国である。この国に住みたいと思う）」とのご神託を告げたと『日本書紀』に記されている。伊勢は山河や海の幸に恵まれた風光明媚な土地。その伊勢にある別天地、緑の山々に囲まれた清流・五十鈴川の岸辺を天照大御神は自らの永住地とした。天照大御神の暮らす社殿（内宮）が造営され、伊勢神宮が誕生する。

5世紀頃 食の神様を祀る 外宮を創建

天照大御神たっての希望によって 豊受大御神を山田原の外宮に迎え入れる

　天照大御神が鎮座して約500年後、日本がますます繁栄した21代雄略天皇の時代。伝承によると、天皇の夢に天照大御神が現れ、「ひとりでは食事も心もとないので、丹波国の真名井にいる止由気（等由気）大神（天照大御神の食をつかさどる食物神、豊受大御神のこと）を自分のもとに呼んでほしい」と告げたという。雄略天皇は、度会の山田原にお宮（現在の外宮）を建て、豊受大御神を祀った。伊勢神宮の内宮と外宮が整ったのは、今から約1500年前とされている。外宮内にある御饌殿では、豊受大御神の鎮座以来一日も欠かさず、天照大御神の食事（神饌）が用意されている。

天照大御神に仕えた斎王

　天皇に代わり神宮で天照大御神に仕える者を斎王といい、天皇の未婚の皇女または王女が派遣された。神宮鎮座前に仕えた豊鍬入姫命や倭姫命がその原点ともいわれ、斎王制度は南北朝時代には途絶えた。

斎宮歴史博物館　斎宮駅周辺 **MAP** 付録P.2A-1
さいくうれきしはくぶつかん

斎王の宮殿である斎宮跡に建つ。博物館では、斎王の儀礼や暮らしぶり、大勢の供を連れ伊勢へ旅立つ斎王群行などについて、映像や模型を駆使して詳しく紹介している。

☎0596-52-3800　㊐明和町竹川503　㊖9:30～16:30　㊡月曜（祝日の場合は翌日）、祝日の翌日　㊍340円　㊝近鉄・斎宮駅から徒歩15分　㊗あり（200台）

↑斎王の居室を原寸大に復元した模型を展示

↑斎宮跡の発掘調査の成果や経過についても紹介している

外宮だけの祭事・日別朝夕大御饌祭

　外宮の御垣内にある御饌殿では、毎日朝夕に神々へお供えを捧げ、国家平安や国民平穏を祈り、感謝を捧げる「日別朝夕大御饌祭」を神職が執り行う。毎日火をおこし、蒸した米や塩、神域内の井戸水のほか、酒や魚、海藻、野菜などが調理され、御饌殿に1日2回供えられている。

御師
各地で布教活動を行い、寄進を受けて神宮の財政を支えた神職。江戸時代には自宅で参拝者をもてなし、代理で祈祷を行い、伊勢案内などもした。内宮と外宮の門前には、1000軒以上の御師の邸宅が並んだという。

↑『伊勢大々神楽図』〈斎宮歴史博物館蔵〉

紀元前
1世紀頃〜

朝廷のみに許された
古代の参宮

鎮座依頼、歴代天皇により国家安泰、
五穀豊穣（ごこくほうじょう）の祈りが捧げられてきた

　伊勢神宮は皇室の祖神・天照大御神を祀る社であり、天皇が国家の安泰や五穀豊穣を祈る公の宮として誕生した。そのため、天皇以外の者が幣帛（へいはく）（神への供物）を捧げることは許されず、個人の願い事も許されない「私幣禁断（しへいきんだん）」が習わしだった。たとえ皇后や皇太子であっても、捧げ物をするには天皇の許可が必要だったという。歴代の天皇は国家興隆を願い、御製（ぎょせい）（天皇が作った詩歌）を詠んでいる。

　心をし　天照（あまて）るうかみにかけまくも
　かしこきひかりくもりなき世は　　82代　後鳥羽天皇

　日と照らし土とかためて　この国を
　内外（うちと）の神のまもるひさしさ　　100代　後小松天皇

　天（あま）てらす神のみいつを仰ぐかな
　ひらけゆく世にあふにつけても　　122代　明治天皇

10世紀頃〜

経済基盤の変化と
御師（おんし）の活躍

伊勢神宮の経済危機を救った御師の布教活動
天皇家から武家、庶民へと伊勢信仰が広まる

　古代律令時代に伊勢神宮の経済を支えていたのは、地元から集める租税収入だった。ところが、10世紀に律令体制の崩壊が始まると、頼りの税収は途絶えてしまう。資金調達の手段とされたのが、皇室以外の一般信者を迎え入れ、広く寄進を集めることだった。神職らは手分けして各地をまわり、武家や有力者に神宮の神徳を説いて寄進を募った。神々を統率する天照大御神は、源氏や足利（あしかが）家など東国武士らから崇敬を集め、伊勢信仰が武家社会へ広まった。

　各地に派遣された神職は御師と呼ばれ、主に下級神職がその任に就いた。御師は信者と伊勢神宮との仲介役となり、祈祷やお祓いをし、神宮の神札である御祓大麻（おはらいたいま）を配り、伊勢暦（こよみ）や伊勢のみやげを携えて信者獲得に奔走した。天下泰平の世となった江戸時代には、多くの御師が生まれて全国を飛びまわり、一般民衆にも伊勢信仰を浸透させていった。

◆歌川広重筆『伊勢参宮 宮川の渡し』〈かめやま美術館蔵〉19世紀前半のブーム年には、当時の人口の約17%にあたる約500万人が伊勢参りをした

江戸時代に
お伊勢参りブーム到来

御師が旅行代理業を務めて仕掛けた伊勢講
庶民の旅行熱と相まって一大ブームを巻き起こす

　全国に多くの信者を獲得した御師たちは、今度は伊勢への参宮を信者にすすめた。御師は伊勢神宮近くの私邸に参拝者を泊めて食事でもてなし、自宅内の神楽殿で祈祷を行った。旅費を賄えない人々には、御師が伊勢講という集団を組織させた。団体で旅費を積み立て、抽選で選ばれた人が代表で参拝に行く仕組みだ。

　江戸時代には五街道や宿場が整備されたこともあり、周辺観光を兼ねたお伊勢参りが大流行する。ほぼ60年周期で熱狂的なブームが起こり、ブームに乗ってつめかける参詣は「おかげ参り」と呼ばれた。2013年の式年遷宮の年にも江戸時代に劣らぬブームを呼び、多くの参詣客が伊勢へと足を運んでいる。

遊郭として栄えた古市

　江戸時代に参拝帰りの人々が立ち寄った歓楽街・古市。街道沿いに多くの茶屋が並び、日本三大遊郭のひとつだった。今では静かな住宅街となり、かつての茶屋・麻吉旅館の木造建築に、華やかな遊郭時代が偲ばれる。

麻吉旅館 あさきちりょかん
古市 **MAP** 付録P.7 D-4
☎0596-22-4101 所伊勢市中之町109 交JR／近鉄・伊勢市駅から三重交通バス・浦田町行きで7分、中之町下車、徒歩1分 料1泊2食付1万4800円～ Pあり(10台)

伊勢古市参宮街道資料館
いせふるいちさんぐうかいどうしりょうかん
古市 **MAP** 付録P.7 D-4
古市の資料を展示し、江戸時代の伊勢の様子がわかる資料館。

☎0596-22-8410 所伊勢市中之町69 開9:00～16:30 休月曜(祝日の場合は翌日)、祝日の翌日 料無料 交JR／近鉄・伊勢市駅から三重交通バス・浦田町行きで12分、三条前下車すぐ Pあり(5台)

河崎 ⇨P.70 神宮の参詣客の増加に伴い、勢田川の水運を利用し食糧など多くの物資を伊勢に運ぶ問屋街として栄えた。

永遠の聖地をめぐる2000年の旅

20年に一度に新たな生命の再生を繰り返す永遠のアンチエイジング
常若を願う行事・式年遷宮

神様の家を20年ごとに新しくする式年遷宮。神宮の神秘な永遠性に日本人の心は揺さぶられる。
2013年の式年遷宮では、一年で1420万人という史上最多の参詣者が訪れた。

日本の心を伝える式年遷宮とは?

式年遷宮とは、定められた年に社殿を造営し、御神体（神様）を新宮へ遷す祭事のこと。伊勢神宮では約1300年前から続いている神宮の最重要祭事だ。

↑正宮には東西に2つの敷地があり、遷宮のたびに交互に建てられる

およそ60年に一度行われる出雲大社の遷宮では、現存の建物を補修して維持するのに対し、伊勢神宮では20年ごとに建て替えを行い、古代の神殿建築を新たに蘇らせる。再生を繰り返すことで常に若々しく清浄で、永遠を保つとされる「常若」の精神が根底にある。建物だけでなく、祭事の作法や建築技術など、日本固有の伝統や日本人の精神文化も永遠に受け継がれることになる。

伊勢神宮の式年遷宮では、御神体を祀る内宮・外宮の御正殿をはじめ、宝殿や外幣殿、御垣、鳥居、別宮など65棟の殿舎が新造される。御用材の伐採祈願に始まり、御神木の運搬、社殿造営、御神体の遷御（引っ越し）などを8年がかりで行い、その間に催される神事の数は30を超える。2013年に実施された第62回式年遷宮では総費用が約550億円に達した。

天武天皇が発案し持統天皇が実現

飛鳥時代の7世紀、天武天皇は中央集権体制を進めるため、当時流入した仏教や儒教などの外来文化を積極的に取り入れた。同時に、日本固有の文化を維持するための政策にも取り組む。『古事記』や『日本書紀』を編纂し、祭祀の制度化を実施する。伊勢神宮では、天皇の代わりに皇女を派遣する斎王制度と式年遷宮が天武天皇により発案される。遷宮の実現を前に天武天皇は崩御してしまうが、その遺志を受け継いだ后の持統天皇が、持統4年（690）に第1回目の式年遷宮を実現。以来、南北朝～室町期の戦乱の時代に中断はあったものの、約1300年の長きにわたって、古式に則った式年遷宮が今日まで続いている。

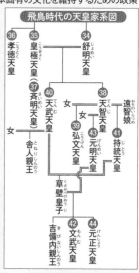

飛鳥時代の天皇家系図

永続性より伝統を重視した唯一神明造

　伊勢神宮の御正殿はほかの神明造とは区別して唯一神明造という。ほかで真似ることの許されない唯一の存在だ。その特徴は、1.塗装や彩色のない檜の素木造、2.礎石を置かず地中に丸柱を立てる掘立式、3.切妻・平入の高床式で茅葺き屋根、4.棟の両端を支える棟持柱を持つ、5.屋根の両端に破風から伸びた千木が交差する、6.屋根の上に鰹木が並ぶなど。神明造は、出雲大社の大社造とともに日本最古の建築様式とされ、弥生時代の高床式の穀倉が原型といわれる。柱を地面に直接埋めた掘立柱や茅葺き屋根は実に素朴で、耐用年数はけっして長くない。それでも、あえて唯一神明造にこだわるのは、日本古来の伝統を継承するためだ。法隆寺や薬師寺が建立され、式年遷宮が初めて行われた持統天皇の時代から変わらぬ姿を見せている。

切妻造・ 本を半分開いて伏せたように、二方向に傾斜がある屋根。神社建築に多い。

千木 屋根の両端で交差して頂部に突き出た装飾木。内宮の正殿は切り口が水平の内削ぎ、外宮は垂直の外削ぎになっている。

鰹木 屋根の上に並ぶ装飾木。内宮は偶数の10本、外宮は奇数の9本。今では神社建築のみ。

平入・ 建物の側面のうち、切妻造屋根の傾斜面のある側が平。平に出入口を設ける様式が平入。

掘立柱・ 礎石を置かず、地面に掘った穴に建てた柱。礎石を利用するよりも柱の腐食は早い。

大正時代から始まる御用材の育成

　式年遷宮で使われる1万本以上の檜の御用材は、当初は神宮内の天然林があてられていた。のちに賄いきれなくなり、江戸時代以降は木曽(長野県上松町・岐阜県中津川市)の檜が使われている。限りある木材資源を確保するため、大正12年(1923)には「神宮森林経営計画」を策定。200年後の利用を目指して神宮宮域での植林・育成が始まった。2013年の式年遷宮では、全御用材のうち約25%を育成林が賄った。取り壊される旧社殿の古材は、宇治橋両側の鳥居になるほか、全国の神社で無駄なく再利用されている。

⬆️木曽から到着した御木を祓い清める御樋代木奉曳式(みひしろぎほうえいしき)

遷宮のたびに新調される神宝

　式年遷宮では建物だけでなく、神様に供える御装束神宝のすべてが新調される。御装束とは服飾品や殿舎を飾る装飾具や遷御の儀に用いる品々、神宝とは武具や馬具、硯、楽器、紡績具や日用品などで、計714種1576点に及ぶ。それらは現代最高の技術を持つ人間国宝らの工芸家たちが何年も費やして、前回とまったく同じものを再現し、技術を継承していく。下げられた品々は20年間、宝殿で保存されたのち、別の保管庫へ遷される。

⬆️内宮の神宝のひとつ須賀利御太刀(すがりのおんたち)

⬆️月読宮の神宝、鶴斑毛御彫馬(つるぶちげのおんえりうま)

🔄『昭和四年度御遷宮絵巻』〈神宮徴古館蔵〉式年遷宮で最も大切な神事である「遷御(せんぎょ)」の様子を伝える。正装した神職たちの長い列がしずしずと進み、絹垣(絹の布)に覆われた御神体が運ばれる

由貴大御饌(ゆきのおおみけ)の儀で新殻を奉る。夜間斎行の儀式は奉拝できないが、外宮で16日、内宮で17日の正午に斎行される奉幣の儀は、参道などから奉拝できる

神嘗祭
かんなめさい

神宮の恒例祭で最も重要な神事。10月にその年の初穂を天照大御神に奉り、収穫を感謝する。内宮と外宮に、天皇が皇居で収穫した稲穂や幣帛(供物)が捧げられ、すべての宮社に特別のごちそうが供えられる。

すべては国の平安と豊かな実りのため

伊勢神宮の年中行事

古式に則って、受け継がれる厳粛な神事の数々。
作物の生長と豊作を祈る四季折々の祭典が日々行われる。

月次祭
つきなみさい

6月と12月の年2回、神嘗祭と同様に、すべての宮社に特別なごちそうが供えられる。恒例祭では神嘗祭に継ぐ重要な祭事。

◇22時と翌2時に由貴大御饌(ゆきのおおみけ)の儀が執り行われ、明くる正午の奉幣の儀のみ、一般参拝者も奉拝できる

神楽祭
かぐらさい

春と秋に執り行われる年間行事。内宮・外宮の神楽殿での御神楽の奉納のあと、内宮の神苑特設舞台で舞楽が一般公開される。

↑雅楽が響くなか、華やかな舞を披露。茶席などの行事も行う

祈年祭
きねんさい

「としごいのまつり」ともいい、毎年2月に一年の豊穣を祈る。大御饌の儀で神様に食事を供え、奉幣の儀で勅使が出向く。

↑神事に向かう神職の姿を目にできる

↑季節の変わり目に織物を捧げる

神御衣祭
かんみそさい

5月と10月に内宮と荒祭宮で行う神様の衣替え。神服織機殿神社と神麻続機殿神社で織られた和妙（絹）と荒妙（麻）を奉納。

年間1500以上、伊勢神宮の祭り

伊勢神宮では年間1500以上の祭事を行い、国家安泰と五穀豊穣の祈りを捧げる。10月の神嘗祭、6月と12月の月次祭は特に重要な祭事とされ、三節祭と呼ばれる。主祭神の天照大御神が、瓊瓊杵尊の天孫降臨の際に稲穂を授けたことから、稲に関連する祭事が多い。神事の内容は神様へのお供えが中心で、ほとんどが非公開で行われる。

年間の主な祭りと行事

1月1日▶歳旦祭 さいたんさい
年の初めを祝い、神饌をお供えする新年最初の祭事。
1月11日▶一月十一日御饌 いちがつじゅういちにちみけ
全宮社の神々の御饌を供え、歌舞「東遊」を舞う。
2月17日▶祈年祭 きねんさい
一年の豊穣を祈って大御饌の儀と奉幣の儀を行う。
昭和の日を挟む3日間▶春の神楽祭 はるのかぐらさい
内宮神苑の特設舞台で舞楽が披露される。参観可。
5月14日▶風日祈祭 かざひのみさい
風雨の災害がなく、五穀の実ることを祈る。
5月14日▶神御衣祭 かんみそさい
神様の衣替え。和妙（絹）と荒妙（麻）を奉納する。10月14日にも、同様の祭事が行われる。
6月15～25日▶月次祭 つきなみさい
すべての宮社の神様に特別な神饌を供える。
6月30日▶大祓 おおはらい
神職と楽師、すべての職員を祓い清める「夏越しの大祓」。
8月4日▶風日祈祭 かざひのみさい
農作物の育成期に天候の順調を祈って御幣を捧げる。
秋分の日を挟む3日間▶秋の神楽祭 あきのかぐらさい
春の神楽祭と同様に舞楽の披露がある。参観可。
10月15・16日▶初穂曳 はつほひき
初穂を載せた木曳き車が市内を練り、神宮へ。参観可。
10月15～25日▶神嘗祭 かんなめさい
初穂を天照大御神に捧げ、全宮社に神饌を供える。
11月23～29日▶新嘗祭 にいなめさい
宮中で天皇が神々に初穂を捧げ、神宮でも神事を実施。
12月15～25日▶月次祭 つきなみさい
6月の月次祭と同様に、全宮社に神饌を供える。
12月31日▶大祓 おおはらい
新年を迎えるため神職と楽師、職員を祓い清める。

毎日の祭り

日別朝夕大御饌祭 ひごとあさゆうおおみけさい
外宮御垣内にある御饌殿で、毎日朝夕に神々への食事（神饌）が、神職たちによって用意される。外宮が生まれた1500年前から1日も休まず続けられているという。忌火屋殿で調理されて御饌殿へ運ばれる。

悠久の歴史にふれられる美術館と博物館
伊勢神宮の歴史と文化を知るスポット

伊勢神宮の歴史を伝えるスポットを紹介。参拝前に立ち寄って知識を深めておくのもいいし、
神宮の神聖さにふれてから訪れて、じっくりとその余韻を味わうのもおすすめだ。

神宮徴古館・農業館
じんぐうちょうこかん・のうぎょうかん

神宮の歴史と精神文化を紹介する

倉田山の倭姫文化の森にある博物館。徴古館では、神宮の
お祭りや社殿建築に関する資料や歴史資料を展示。農業館
では、日本人と稲作文化の関わりを紹介。天皇陛下が神嘗
祭で捧げた稲も展示する。

徴古館周辺 **MAP** 付録P.7 E-3

☎0596-22-1700 所伊勢市神田久志本町1754-1 時9:00～16:00
休木曜(祝日の場合は翌日) 料500円(神宮美術館との共通券700円)
交JR／近鉄・伊勢市駅から三重交通バス・神宮徴古館経由内宮前行きで
10分、神宮徴古館前下車、徒歩3分 Pあり(50台、神宮美術館と共通)

↑農業館の建物は平等院
鳳凰堂がモデル
↑徴古館の前には西洋風
の庭園が広がる

神宮美術館
じんぐうびじゅつかん

日本最高峰の美術作品を一堂に展示

文化勲章受章者など、それぞれの時代で日本を代表する一
流美術工芸家が神宮に献納した作品を展示。絵画や書、彫
刻、工芸品など傑作の数々が見られる。銅板葺の屋根をいた
だく日本情緒たっぷりの外観も目を引く。

徴古館周辺 **MAP** 付録P.7 E-3

☎0596-22-1700 所伊勢市神田久志本町1754-1 時9:00～16:30(入館
は～16:00) 休木曜(祝日の場合は翌日) 料500円(神宮徴古館との共通券
700円) 交JR／近鉄・伊勢市駅から三重交通バス・神宮徴古館経由内宮前行
きで10分、神宮徴古館前下車、徒歩3分 Pあり(50台、神宮農業館と共通)

↑素木を組み込んだ館内
も和の雰囲気
↑広くとられた美術館の
窓から、日本庭園を一望

神宮文庫
じんぐうぶんこ

日本文化や神道学の膨大な資料が集まる

日本の伝統文化を探る資料となる、神道学や文学・歴史文献
など約31万冊の書物を収蔵する図書館。一部の貴重本や特
殊本を除き、自由に閲覧できる。入口の「黒門」は、現存する
数少ない御師遺構のひとつとして貴重な建築物だ。

徴古館周辺 **MAP** 付録P.7 E-3

☎0596-22-2737 所伊勢市神田久志本町1711 時9:00～16:00 休月～水
曜の図書閲覧、日曜・祝日 料無料 交JR／近鉄・伊勢市駅から三重交通バ
ス・神宮徴古館経由内宮前行きで10分、神宮徴古館前下車、徒歩3分 Pなし

↑安永9年(1780)築の旧御師・福島みさき大夫邸の門を移築した「黒門」

せんぐう館
せんぐうかん

式年遷宮の壮大な祭事の中身がわかる

第62回式年遷宮を記念して開館。式年遷宮の祭事や社殿建
築、神宝などを実物や模型、映像などで詳しく紹介。外宮御
正殿の原寸大模型や外宮殿舎の配置模型もあり、外宮の建
築がよくわかる。

外宮周辺 **MAP** 付録P.10 B-4

☎0596-22-6263 所伊勢市豊川町126-1(外宮まがたま池)
時9:00～16:30(入館は～16:00) 休第2・4火曜(祝日の場合は翌日)
料300円 交JR伊勢市駅から徒歩5分 Pあり(434台、外宮と共通)

↑豊かな自然に包まれた外宮内の
まがたま池ほとりに建つ
↑外宮御正殿の東側4分
の1部分を原寸大で忠実
に再現

伊勢 歴史年表

西暦	元号	事項
紀元前660	神武 元	神武天皇、大和を平定し橿原宮(奈良県橿原市)にて即位
紀元前657	4	神武天皇、鳥見山(奈良県宇陀市・桜井市)に皇祖天神(皇室の祖とされる神で、現在では天照大御神と同一視されている)を祀り、天下の平定を報告する
紀元前92	崇神 6	前年から国中に疫病が流行。崇神天皇の命により、宮中に祀る天照大御神を宮中外へ遷す。豊鍬入姫命が笠縫邑にて奉斎。疫病治まる
紀元前4	垂仁 26	垂仁天皇の命で各地を巡行した**倭姫命** ○ P.40 が五十鈴川上流に着く。この地に**伊勢神宮内宮(皇大神宮)** ○ P.34創建。天照大御神鎮座
110	景行 40	日本武尊(ヤマトタケルノミコト)、東国征伐に際し伊勢神宮を参拝。叔母にあたる倭姫命は三種の神器のひとつ・草薙剣を授ける
478	雄略 22	雄略天皇、天照大御神の神託を受け、山田原に**伊勢神宮 外宮(豊受大神宮)** ○ P.30創建。豊受大御神鎮座
646	大化 2	大化の改新のもと、評制により伊勢国度会評が置かれる。度会・多気の2郡が最初の神郡(一郡すべて神社の所領となる郡)となる
672	天武 元	壬申の乱。大海人皇子(この乱に勝利し天武天皇となる)は、内宮を遥拝し戦勝を祈願
674	3	天武天皇により**斎王制度** ○ P.41が確立。大来皇女、群行して神宮に入り奉斎。斎王制度確立後の初代斎王となる
688	持統 2	持統天皇、20年に一度の**式年遷宮** ○ P.44制定
690	4	内宮、第1回式年遷宮
692	6	外宮、第1回式年遷宮
746	天平 18	多気郡に斎宮寮が置かれる
747	19	内宮、第4回式年遷宮。聖武天皇により別宮の式年遷宮が定められる
897	寛平 9	飯野郡が神宮に寄進され、神三郡となる
940	天慶 3	員弁郡が神宮の神郡となる
962	応和 2	三重郡が神宮の神郡となる
973	天禄 4	安濃郡が神宮の神郡となる
1017	寛仁 元	朝明郡が神宮の神郡となる
1130	大治 5	平経繁、相馬郡内の所領地(御厨)を神宮に寄進。以後、武士による御厨寄進が相次ぐ
1161	永暦 2	二条天皇、平清盛を神宮に遣わし奉幣
1182	養和 2	源頼朝、神馬と砂金を奉献し戦勝祈願。私幣禁断のため、依頼された権禰宜が祈祷を取り次いだのが、御師の始まりともいわれる

西暦	元号	事項
1184	寿永 3	源頼朝、武蔵国大河土御厨を寄進。以後、たびたび御厨を寄進
1185	元暦 2 / 文治 元	壇ノ浦の戦いで平氏滅亡。源頼朝が飯高郡を寄進し神八郡に。神宮領を守護不入の地とする
1268	文永 5	亀山天皇、元寇に備え奉幣使を遣わし、神宝を奉献。以後、御宇多天皇、伏見天皇も奉幣する
1272	9	斎王の群行、途絶える
1274	11	文永の役。1度目の元寇を退ける
1281	弘安 4	弘安の役。再度元寇を退ける。内宮の風社(現風日祈宮)から赤雲が発生したと報告される
1293	正応 6	神風で元寇を退けた賞として、両宮の風社が別宮「**風宮** ○ P.33・**風日祈宮** ○ P.37」に昇格
1333	元弘 3 / 正慶 2	斎王制度廃絶。鎌倉幕府が滅亡し、合戦の穢れで祭典がしばしば中断される
1393	明徳 4	前年に南北朝を統一した足利義満が参詣
1467	応仁 元	応仁の乱。寛正3年(1462)の内宮第40回式年遷宮以後、戦国時代の動乱で**式年遷宮中断**
1569	永禄 12	織田信長参拝。天正10年(1582)には造営料を寄進し、翌々年には羽柴秀吉からも寄進
1585	天正 13	両宮で第41回式年遷宮が行われ、制度復活
1594	文禄 3	豊臣秀吉の太閤検地で、神宮領の検地を免除
1603	慶長 8	江戸幕府成立。徳川家康は宇治・山田の地に守護不入を容認、山田奉行を置く。この頃から**御師** ○ P.42が全国的に活躍、集団参拝が起こる
1609	14	第42回式年遷宮。家康は造営料を寄進。以後、歴代徳川将軍は寄進を続ける
1650	慶安 3	おかげ参りが大流行する
1705	宝永 2	おかげ参りが大流行する
1771	明和 8	おかげ参りが大流行する
1830	文政 13	おかげ参りが大流行する
1869	明治 2	第55回式年遷宮。明治天皇、初の天皇親拝
1871	4	廃藩置県。神宮に神宮司庁設置、旧制を廃す
1923	大正 12	**倭姫宮** ○ P.38創建。最も新しい別宮となる
1942	昭和 17	昭和天皇、前年に開戦した太平洋戦争の戦勝祈願で極秘に親拝
1945	20	太平洋戦争終結。昭和天皇、終戦報告の親拝
1946	21	神宮規則制定。神宮が国家から分離し、宗教法人神宮が発足
1953	28	第59回式年遷宮。財団法人伊勢神宮崇敬会が設立される
1989	平成 元	伊勢市まちなみ保全条例制定。90年代には**おはらい町** ○ P.50の保全事業が進められる
1993	5	おはらい町に「**おかげ横丁** ○ P.50」誕生

49

風情と賑わいが楽しめる内宮の門前町

おはらい町&おかげ横丁
おはらいまち&おかげよこちょう

美しい石畳の通りに、歴史情緒を感じさせる切妻、入母屋、妻入様式の店が軒を連ねる2つの門前町。江戸時代のお伊勢参り気分に浸りながら、伊勢を代表する名物のグルメやみやげ探しを満喫したい。

伊勢●おはらい町&おかげ横丁

おはらい町MAP

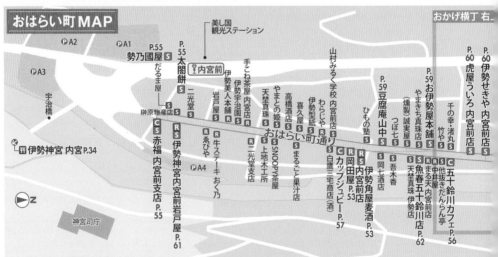

おかげ横丁 右

美し国観光ステーション

ⓅA2　ⓅA1　P.55 勢乃國屋 Ⓢ

P.55 太閤餅 Ⓢ

だるま屋

ⓅA3

宇治橋

榊原物産店

一光堂

Ⓡ内宮前

手こね茶屋 内宮店
伊勢美人本舗 Ⓡ
伊勢宇治園 Ⓢ
高橋酒店 Ⓡ
天井真珠 Ⓢ
やまとの姫 Ⓢ

わらじや
伊勢型紙 Ⓢ
お伊勢屋本舗 Ⓢ

山村みるく学校 内宮前
喜久家 Ⓢ
まるごと果汁店

P.59 豆腐庵山中 Ⓢ

ひもの塾 Ⓢ

つぼ七 Ⓢ

岡七酒店 Ⓢ

吾木香

P.59 やまぎち真珠店 Ⓢ
（燻製）誠実屋 Ⓢ

P.60 虎屋ういろ 内宮前店 Ⓢ

P.60 伊勢せきや 内宮前店 Ⓢ

千の幸・渚丸 Ⓢ

他抜きだんらん亭
竹や Ⓢ

五十鈴川カフェ P.56

ⒸⓈ 赤福 内宮前支店

ⓇⓈ 伊勢神宮内宮前岩戸屋 P.55

Ⓡ ゑびや

Ⓡ 牛ステーキ おく乃

おはらい町通り

二光堂支店

上地木工所

P.57 Ⓒ 伊勢角屋麦酒 内宮店
カップジュビー

ⓇⓈ 内宮前店 P.53

Ⓡ 岡田屋 P.53

白鷹三宅商店（酒）

Ⓢ 岡七酒店

ⓇⓈ 天井真珠 内宮店

Ⓡ 魚春五十鈴川店 P.62

ⓇⓇⓈ 中井屋 内宮前店
天井真珠 伊勢店

Ⓒ 五十鈴川
天まん

伊勢神宮 内宮 P.34

神宮司庁

ⓅA4

伊勢神宮内宮前岩戸屋 P.61

50

参宮街道の終点は年中大盛況

おはらい町
おはらいまち

MAP 付録P.9 E-3

宇治橋の手前から五十鈴川に沿って、約800mの石畳の通りにさまざまなグルメや雑貨の店が軒を連ね、内宮参拝後に立ち寄る人々で大いに賑わう。

☎0596-65-6091（伊勢市駅観光案内所）
所伊勢市宇治中之切町、宇治今在家町 営休店舗により異なる 交JR・近鉄・伊勢市駅から三重交通バス・内宮前行きで20分、終点下車すぐ P なし（周辺有料駐車場利用）

「おかげ参り」の雰囲気満点

おかげ横丁
おかげよこちょう

MAP 付録P.9 D-3

1993年、赤福本店を中心に神恩感謝を込めて誕生。江戸から明治期にかけての伊勢路の代表的な建築物を移築再現し、伊勢みやげ探しや郷土料理が味わえる。

◆名産品や老舗の味が集まる

☎0596-23-8838（おかげ横丁総合案内）
所伊勢市宇治中之切町52 営9:30～17:00（季節により異なる）休無休 交JR・近鉄・伊勢市駅から三重交通バス・内宮前行きで20分、神宮会館前下車、徒歩1分 P なし（周辺有料駐車場利用）

御師が活躍したおはらい町

御師とは伊勢神宮の神官で、神宮への信仰を広め参詣を案内した人のこと。江戸時代、御師は全国各地に散らばって伊勢信仰を広め、はるばる訪れた参詣客を自分の館に泊めてお祓いや神楽でもてなしたことから、その館が並ぶ通りは「おはらい町」と呼ばれるようになった。こうした御師の活躍が、「おかげ参り」流行につながったのだ。

おかげ横丁MAP

しろがね屋
御木本真珠島店 R
はいからさん R
浪曲茶屋 R
P.63吉兆招福亭
かみしばい広場 S
P.63神路屋 S
海老丸 P.52 R
S おみやげや
・太鼓櫓 i
S 銭屋 P.61
宇治山田駅前 魚喜R
千の幸・渚丸 S 豚捨 P.53・58
S 名産味の館 P.61
S 若松屋 P.59
赤福本店別店舗
竹やS
S 団五郎茶屋 S もめんや藍 P.62 C S C S くつろぎや
おはらい町通り
S だんご屋 S すし久 P.59 P.52
新橋 五十鈴茶屋本店 P.57・60
五十鈴川 伊勢神宮内宮

門前町のお楽しみ

ポイントを押さえて、より充実したお伊勢参りの思い出に。

◆名物グルメ
昔からお伊勢参りの旅人が味わってきた赤福餅をはじめ、伊勢志摩の郷土の味から人気の甘味まで名物が豊富。テイクアウトグルメも充実している。

◆伊勢みやげ探し
お伊勢参りのおみやげは、やはりここで買い求めたい。銘菓などの食べ物からおしゃれな和雑貨まで、多彩な店と品揃えからお気に入りを見つけたい。

◆神恩感謝の催し
毎月1日の「朔日（ついたち）参り」、早朝はおかげ横丁に朝市が立ち、料理店で限定メニューが登場。毎週末には太鼓櫓（たいこやぐら）で神恩太鼓（しんおんだいこ）が演奏され、特別な気分を味わえる。

おはらい町＆おかげ横丁

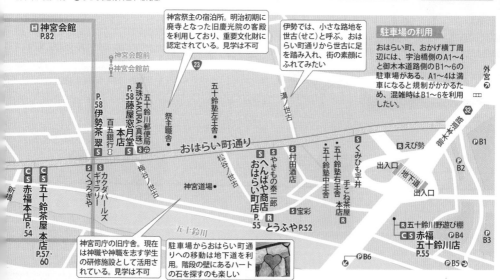

H 神宮会館 P.82
神宮会館前
神宮会館前
23
真珠SAKURA P.58藤屋窓月堂
P.58伊勢茶翠 S
五十鈴川郵便局
百五銀行
SAKURA（真珠）
祭主職舎
祭王職舎
五十鈴塾左王舎
溝ノ世古
外宮
32
御木本道路
くみひも平井
五十鈴塾右王舎
五十鈴塾中王舎
手こね茶屋
R えび勢 P B1
P B2
出入口
地下道
出入口
カクダパールズギャラリー
くつろぎや
おはらい町通り
神宮道場
梅谷・世古
松谷・世古
やきもの泰三郎
村田商店
伊勢酒店
へんばや おはらい町商店
宝彩
とうふや P.52
C S 赤福本店 P.54
C S 五十鈴茶屋本店 P.54
赤福五十鈴川店 P.55
五十鈴川野遊び棚 R
C S 赤福五十鈴川店 P.55
P B4
P B3
新橋
五十鈴川
P.57・60 P.55
P B6
P B5

神宮祭主の宿泊所。明治初期に廃寺となった旧慶光院の客殿を利用しており、重要文化財に認定されている。見学は不可

伊勢では、小さな路地を世古（せこ）と呼ぶ。おはらい町通りから世古に足を踏み入れ、街の素顔にふれてみたい

駐車場の利用

おはらい町、おかげ横丁周辺には、宇治橋側のA1～4と御木本道路側のB1～6の駐車場がある。A1～4は満車になると規制がかかるため、混雑時はB1～6を利用したい。

神宮司庁の旧庁舎。現在は神職や神職を志す学生の研修施設として活用されている。見学は不可

駐車場からおはらい町通りへの移動は地下道を利用。階段の壁にあるハートの石を探すのも楽しい

51

参詣者を温かく迎える聖地のおもてなし

門前町の郷土料理

神とともに食事をする
直会(なおらい)の意味を込めて、
内宮参拝後は人気店で
極上のランチを楽しみたい。

海老丸
えびまる

おかげ横丁 **MAP** 本書P.51

伊勢志摩の魚介を
名物の漁師料理で堪能

おかげ横丁で伊勢志摩の魚介を食すならこの店。店名は漁船の名前で、伊勢エビやカキなど季節の海の幸を使った豪快な漁師料理を存分に堪能できる。

☎0596-23-8805
所伊勢市宇治中之切町52
営11:00〜17:00(LO16:30、季節により異なる)
休無休

←船で物資を運搬した回漕問屋をイメージした間口の広さが特徴

海老丸膳 3570円
料理長いち押しの膳で、伊勢エビ焼物、焼貝、エビフライ、季節のお造り、てこね寿しとこの店の味を凝縮※要予約、内容が異なる場合あり

↑カウンター席のほか、落ち着いた座敷席もある

寄せ豆腐膳 1450円
口に入れたとたん大豆の甘みと香りが広がる温かい寄せ豆腐に、小鉢、豆乳蒸し、味噌汁などが付く

↑おかげ横丁の賑わいから離れた閑静な立地でファンも多い

とうふや

おはらい町 **MAP** 本書P.51

職人が手作りする豆腐と
国産穴子料理を心ゆくまで

隣接する工房で職人が手作りする豆腐と、国産穴子を使った料理が楽しめる。甘辛の豆腐田楽も人気。

☎0596-28-1028
所伊勢市宇治浦田1-4-1 営11:00〜17:00
(LO16:30) 休無休

↑伝統的日本建築の店内からは五十鈴川の清流が望める

すし久
すしきゅう

おかげ横丁 **MAP** 本書P.51

歴史ある旅籠風情を感じながら
伊勢の田舎料理を味わう

おかげ横丁でも高い人気を誇る食事処。清流五十鈴川が見える場所に明治時代に建てられた元料理旅館の歴史ある店で、てこね寿し、麦とろろなど伊勢志摩の名物料理が楽しめる。

☎0596-27-0229
所伊勢市宇治中之切町20
営11:00〜17:00(LO16:30)
毎月末日は〜15:00(LO14:30)※季節により異なる
休無休

←宇治橋の古材が一部使われた建物

↑古い旅籠風情を感じさせる和のたたずまい

てこね寿し 竹 平膳
2100円
甘辛い醤油に漬けた肉厚のカツオの身がたっぷりのったてこね寿し

伊勢●おはらい町＆おかげ横丁

岡田屋

おかだや

おはらい町 **MAP** 本書P.50

極太のやわらかな麺と黒いタレ
シンプルでうまさ際立つ伊勢うどん

昭和28年(1953)創業。地元の食堂としてスタートしたが、移転後に店の伊勢うどんがクチコミで評判になり、専門店になった。若き3代目が暖簾を守る。

☎0596-22-4554
🏠伊勢市宇治今在家町31
🕐10:30～17:00
休木曜(祝日の場合は水曜)、月に1回水曜不定休

➡誰もが気軽に足を運べる庶民的な伊勢うどんの専門店

伊勢うどん 600円
黒々としたタレは見た目ほどに辛くはなく、とろみがある。極太のやわらかな麺によく絡めて食べやすい

鍋焼伊勢うどん 850円
伊勢うどんのタレをカツオだしで割ったつゆに具だくさんの鍋焼きは体の芯から温まる

➡店内奥に厨房があり、椅子・テーブル席は左右に配置されている

豚捨

ぶたすて

おかげ横丁 **MAP** 本書P.51

飴色に輝く国産和牛がのった
こだわりの牛丼に舌鼓

創業明治42年(1909)の老舗精肉店。この店の牛肉のおいしさに客が「豚肉なんて捨ててしまえ!」と豚肉を投げ捨てたという話が屋号の由来だとか。大人気の牛丼や牛鍋は必食。

☎0596-23-8803
🏠伊勢市宇治中之切町52
🕐9:30(食事11:00)～17:00
(LO16:30) 季節により変動あり　休無休

➡店頭ではコロッケと精肉の販売も

牛丼 1200円
注文が入ってから作るというこだわり。コクがあるたまり醤油をベースにしたタレが絡んだ牛肉は絶品

➡奥の座敷席で牛肉料理を味わえる。牛丼はテイクアウトも可

伊勢角屋麦酒 内宮前店

いせかどやびーるないくうまえてん

おはらい町 **MAP** 本書P.50

生で味わう伊勢の地ビールと
アラカルトなカキ料理を楽しむ

古民家風の店内で眼下に五十鈴川を眺めながら、夏は岩ガキ、冬は鳥羽浦村産のカキと、年中リーズナブルにカキ料理が楽しめる。店頭では伊勢の地ビールを常時生で販売。

☎0596-23-8773
🏠伊勢市宇治今在家町東賀集楽34　🕐11:00～17:00
(LO16:30)　休無休

➡落ち着いた雰囲気の和空間で味わう食事は格別

カキフライ定食(竹) 1890円
カキをフライと焼き物で味わう。2種類のパン粉を使ったカキフライはサクッとした食感が楽しめる

↑餅の上に手作業で餡をのせている光景が見学できる

参拝後に清らかな気持ちで名物を食す

赤福本店
あかふくほんてん

伊勢らしい切妻屋根のたたずまいと正面に掲げられた看板の二文字に変わらないもてなしの心が見える。

**誰もが認める伊勢名物の代表格
つくりたてを本店で味わう**

宝永4年（1707）の創業以来、300年以上の長きにわたって参宮客に親しまれてきた伊勢の名物、赤福餅。本店でいただくつくりたての味に、まさに由来とされる「赤心慶福（偽りのない心で人様の幸せを喜ぶ）」のもてなしを実感できる。

おかげ横丁 **MAP** 本書P.51
☎0596-22-7000 ㊟伊勢市宇治中之切町26
🕐5:00～17:00（繁忙期は時間変更あり）㊡無休

土産「折箱」1300円など
みやげ「おりばこ」

8個、12個、20個入りの3種類。餡の形は五十鈴川の流れを表している

お召し上がり「盆」300円
おめしあがり「ぼん」

伊勢神宮を訪れる参宮客の多くが、この盆を目当てに来店するという。つくりたての赤福餅2個を香ばしいほうじ茶とセットで堪能できる

注目ポイント	1日だけの季節の味！朔日餅				1月を除く毎月1日の早朝に神宮へ参る「朔日参り」の参宮客をもてなすため、昭和53年（1978）から販売。					
2月 立春大吉餅	3月 よもぎ餅	4月 さくら餅	5月 かしわ餅	6月 麦手餅	7月 笹わらび餅	8月 八朔粟餅	9月 萩の餅	10月 栗餅	11月 ゑびす餅	12月 雪餅
節分にちなみ黒大豆と大豆を使った2種類の豆大福 6個900円	厳選されたよもぎを練り込んだ餅生地で、つぶ餡を包む 6個900円	厳選された桜の葉で桜色の餅を包み込んだ 6個900円	端午の節句の折、子孫繁栄への思いを込めて 6個900円	麦秋時期、もち麦粉入りの餅生地で黒糖味の餡を包む 6個900円	七夕にちなん笹の葉で包んだ餡入りのわらび餅 6個900円	粟の粒を残した粟餅に、黒糖味の餡をのせた 8個900円	ほのかな塩味がアクセントのつぶ餡のおはぎ 6個1200円	もち米の食感を残した生地で、風味豊かな栗餡を包む 6個900円	もち搗き講にちなみ、小槌と小判に見立てた2種類の餅 6個900円	もろこし粉入りの餅生地でこし餡を表現 6個900円

季節限定メニューをチェック

参宮客で年中賑わう赤福本店。
季節限定で楽しめるメニューもチェックしたい。

夏季限定
赤福氷 700円
抹茶蜜のかかった氷の中に、氷になじむように特製された餡と餅が入っている

冬季限定
**赤福ぜんざい
700円**
大粒の大納言小豆が入ったぜんざいの中に香ばしい焼き餅が2つ。ほどよい甘みが疲れを癒やす

赤福氷・赤福ぜんざいはここでも食べられる

団五郎茶屋
だんごろうちゃや

おかげ横丁内で気軽に休憩できる茶店。戸隠そば、おにぎりのほか、季節に応じて赤福氷、赤福ぜんざいも販売。

→おかげ横丁の中心にあり、席数も多いのがうれしい

おかげ横丁 **MAP** 本書P.51
☎0596-23-8808　所伊勢市宇治中之切町52　営9:30〜17:00
(LO16:30)※季節によって異なる
休無休

→松阪牛串、季節のおにぎりなどメニューが豊富

赤福のお店はここにもあります

赤福 内宮前支店　おはらい町
あかふくないくうまえしてん　**MAP** 本書P.50
☎0596-22-7000　所伊勢市宇治今在家町7
営9:00〜17:00　休無休

赤福 五十鈴川店　おはらい町
あかふくいすずがわてん　**MAP** 本書P.51
☎0596-22-7000　所伊勢市宇治浦田1-11-5
営9:00(喫茶平日10:00)〜17:00　休無休

赤福 外宮前店　外宮周辺
あかふくげくうまえてん　**MAP** 付録P.10 B-3
☎0596-22-7000　所伊勢市本町14-1
営9:00〜17:00　休無休

参宮街道の茶屋で生まれた伊勢の名物餅

伊勢参りの参宮客の疲れを癒やし、旅の力を与えてきた名物餅。
その種類の多さから参宮街道は「餅街道」とも呼ばれている。

参宮街道の終着点で生まれた名物餅

へんばや商店
おはらい町店
へんばやしょうてん おはらいまちてん

真っ白な餅を丸く平らにして両面に焦げ目をつけた。伝統製法で昔ながらの素朴な味を守る。

おはらい町 **MAP** 本書P.51
☎0596-25-0150　所伊勢市宇治浦田1-149-1　営9:00〜17:00(売り切れ次第閉店)　休月曜(祝日の場合は翌日)

**へんば餅
2個180円**
へんばとは馬を返すこと。店を訪れた客が馬を返して参拝した

天然素材を生かした本格派の草餅

勢乃國屋
せのくにや

内宮のシンボル宇治橋からほど近く、伊勢名物「神代餅」を製造・販売する。天然よもぎを使った本格派の草餅だ。

おはらい町 **MAP** 本書P.50
☎0596-23-5555
所伊勢市宇治今在家町117
営9:00〜17:00　休第2・4月曜

**神代餅
6個入り600円**
保存料や着色料などを一切使わず、自然素材のみを使用

太閤秀吉が愛したという手焼きの餅

太閤餅
たいこうもち

創業は永禄8年(1565)。つぶ餡の入った手焼きの餅は、天下人・豊臣秀吉が称賛したと伝えられる伊勢の名物。

おはらい町 **MAP** 本書P.50
☎0596-22-2767
所伊勢市宇治今在家町63
営10:00〜15:00
土・日曜、祝日は〜16:00
休木曜

**太閤出世餅
12個箱入り1300円**
餅はひとつひとつ手焼きされ、包装されている

自慢のスイーツを目当てに訪れたい

参拝後に甘味で憩う

魅力的な店が並び、時を忘れるほど夢中になる門前町歩き。
途中で落ち着いた茶屋やカフェに立ち寄って、くつろぐのも一考だ。

五十鈴川が一望できるカウンター席

**自慢の
スイーツ**
和三盆と白豆のくるりとブレンドコーヒーとのセット670円。やさしい甘みのふんわり生地のロールケーキを自慢のコーヒーとともに

**自慢の
スイーツ**
横丁ぜんざい570円。小豆の粒が残る甘さ控えめのぜんざいに香ばしい小さめの焼き餅が入っている（冬季限定）

清流を眺めながら
ゆったりティータイム

五十鈴川カフェ
いすずがわカフェ
おはらい町 **MAP** 本書P.50

◆日本家屋のカフェで旅情に浸りたい

五十鈴川を眺めくつろぎながら、優雅にティータイムが楽しめる純和風カフェ。ハンドドリップコーヒーと手作りのケーキが人気だ。

☎0596-23-9002
所伊勢市宇治中之切町12
営9:30～17:00（LO16:30、季節により異なる）休無休

伊勢●おはらい町&おかげ横丁

秀逸な眺望を楽しみながら
広々とした店内でゆっくりくつろぐ

五十鈴茶屋 本店
いすずちゃや ほんてん
おはらい町 **MAP** 本書 P.51

二十四節気にちなんだお菓子でおもてなししようと、昭和60年(1985)にオープン。日本庭園、五十鈴川、朝熊山を眺めながら休憩することができる。

☎0596-22-7000(代)
伊勢市宇治中之切町30 🕘9:00〜17:00(喫茶9:30〜16:30) 🈺無休

抹茶とお菓子のセット1000円。お菓子は節気菓子、手創菓子のほか、洋菓子もチョイスできる

⬆朝熊山を背景に美しい日本庭園を眺めながらひと休み

⬆赤福と抹茶のセット900円

⬆珈琲700円。和菓子にも合うようブレンド

⬆趣ある和の調度品が心を癒してくれる

木をふんだんに使ったぬくもりのある店内

懐かしいレコードを聴きながら
一杯のコーヒーに憩う大人カフェ

カップジュビー

おはらい町 **MAP** 本書 P.50

クラシカルな店内には約1000枚のレコードと絵本作家が描いた落書き。マスターこだわりのコーヒーを飲みながら、ゆっくりと音楽に耳を傾けたい。

☎0596-23-8560
伊勢市宇治今在家町30-2 🕘10:00〜17:00
(LO16:30) 🈺水曜(祝日の場合は翌日)

メープルシロップに生クリームを添えた手作りスコーン450円。サクサクしてお茶うけにもピッタリ

素材にこだわった手作りチーズケーキ450円とアルコトラジャのブレンドコーヒー500円

⬆古民家風のシックな外観

A コロッケ
120円
大人気の揚げたてのコロッケ。アツアツが食べられる

テイクアウトできる逸品

指名買いしたい名物グルメ

気軽に買い求めて食べ比べできるのが魅力のテイクアウト。
自慢の美味はどれも粒揃い、気の向くままいただこう。

A 豚捨

ぶたすて
おかげ横丁 **MAP** 本書P.51

明治時代創業の老舗精肉店。レストランに併設のテイクアウトコーナーは、コロッケやミンチカツのほか、精肉も購入できる。

☎0596-23-8803
㊟伊勢市宇治中之切町52
㊖9:30〜17:00
食事11:00〜16:30LO(季節により異なる) ㊡無休

➜上質な伊勢肉を扱う

B 伊勢茶 翠

いせちゃ すい
おはらい町 **MAP** 本書P.51

赤い番傘が目印の「翠」。お茶の芳香が鼻腔をくすぐる。抹茶スイーツの種類も充実し、伊勢茶の魅力を堪能できる。

☎0596-26-0022
㊟伊勢市宇治中之切町48
㊖10:00〜17:00
㊡水曜

➜「翠」名物のお茶詰め放題は1080円

C 藤屋窓月堂本店

ふじやそうげつどうほんてん
おはらい町 **MAP** 本書P.51

明治元年(1868)創業。茶席にふさわしい利休饅頭やどら焼、ブッセ、赤飯など、幅広い品揃えで人々に愛される老舗。

☎0596-22-2418
㊟伊勢市宇治中之切町46-1
㊖9:00〜17:00
㊡無休

➜店頭で焼きたてどら焼を実演販売

B 抹茶ソフト
400円
季節を問わず食べたくなる「翠」の抹茶ソフトクリーム

B 抹茶プリンパフェ
600円
抹茶の風味豊かなプリンとゴージャスなトッピング

B 大人の抹茶フロート
700円
上から下まで抹茶づくし。ほろ苦い大人の味のスイーツ

C 焼きたてどら焼
150円
干支の焼き印がかわいいアツアツのどら焼。餡も自家製

C 利休饅頭 各120円
茶席にふさわしい。餡はうずら豆と小豆の2種類

C 守武の松 180円
俳諧の祖・荒木田守武ゆかりの松にちなんだ銘菓

D うの花どーなつ 120円
おからを生地に練り込んだドーナツはヘルシーで甘さ控えめ

D おとうふソフト 350円
豆腐とは思えないコクとなめらかな舌ざわりが魅力

D うの花あんどーなつ 190円
さっくりした生地で甘みを抑えた餡を包んでいる

F えびマヨ棒 400円
マヨネーズの風味とエビのぷりっとした食感が絶妙

F 伊勢ひりょうず 400円
豆腐と魚のすり身をベースに、9種類の具が入っている

F あさりホタテ棒 400円
ホタテとアサリがたっぷり入った魚介系の逸品

G 黒糖みつ団子 200円
伊勢で食べられる黒蜜ベースのたれ。濃厚で豊かな風味が◎

G みたらし団子 150円
醤油が香るマイルドで甘いたれと焼き団子の香ばしさが相性抜群

H こだわりの松阪牛コロッケ 330円
松阪牛の旨みをギュッと詰め込んだ絶品のコロッケ

H 松阪牛しぐれ福まん 450円
甘辛い和風の具はとてもジューシー。もっちりとした皮との相性も抜群

H 伊勢ぶた串とん 2本入り300円
αリノレン酸が従来の3倍、体脂肪燃焼に有効という伊勢ぶたの串カツ

H 本格特選松阪牛串 1本900円
最上級の松阪牛をリーズナブルに食べられる串焼き

D 豆腐庵山中
とうふあんやまなか
おはらい町 **MAP** 本書P.50

「五十鈴川の水と空気を生かした商品開発を」と豆腐屋を開業したご主人。おからを使って考案したドーナツも大好評。

☎0596-23-5558
所伊勢市宇治中之切町95
営10:00〜16:00
休木曜

➡店内は豆腐がイメージのページュが基調

F 若松屋
わかまつや
おかげ横丁 **MAP** 本書P.51

伊勢かまぼこを販売する老舗。テイクアウトできる多彩なさつま揚げのほか、伊勢はんぺいなど伝統の味が購入できる。

☎0596-23-8833
所伊勢市宇治中之切町52
営9:30〜17:00(季節により異なる)休無休

➡明治38年(1905)創業、行列必至の人気店

G だんご屋
だんごや
おかげ横丁 **MAP** 本書P.51

おかげ横丁の団子専門店。国産うるち米から作った上新粉(米粉)使用の団子は、もちもちでしっとりした食感が特徴。

☎0596-23-8732
所伊勢市宇治中之切町12
営10:00〜17:00(LO16:30、季節により異なる)休無休

➡焼きたての団子を味わえる

H お伊勢屋本舗
おいせやほんぽ
おはらい町 **MAP** 本書P.50

おはらい町を行き交うグルメも唸る店。松阪牛を使用した最高級のファストフードが食べられ、ドリンクなども販売。

☎0596-22-7193
所伊勢市宇治中之切町94-7
営10:00〜17:00
休不定休

➡食欲をそそる刺激的な香り漂う屋台風の店

銘菓・名産をお持ち帰り

自然の風土に恵まれた伊勢ならではの、素材や製法にこだわったさまざまな銘菓や特産品。
自分用はもちろん、知人に配っても喜ばれること間違いなしの美味みやげが揃っている。

バラエティあふれる和洋菓子

伊勢茶栗ういろ
800円
伊勢茶をベースに栗を合わせ、豊かな風味が楽しめる

ふっくら煮上げたアワビが名物

参宮あわび 脹煮 一組
3564円〜
厳選したアワビを伊勢せきや自慢のたれをたっぷり使い、手間と時間をかけて煮込んだ逸品

おかげ犬サブレ 1000円(6枚入り)
国産の小麦粉とバターをふんだんに使った贅沢なサブレ。さっくりとした口どけ

りんころろ
1箱 900円
まろやかな風味が特徴の砂糖、和三盆を使ったやさしい甘みの砂糖菓子

甘みを抑えた手作りういろ

よもぎういろ(奥)
600円
栗ういろ(中) 700円
桜ういろ(手前) 600円
四季を通じて人気のある虎屋ういろ定番の3品

虎虎焼 各600円
虎屋ういろのロゴを型どったベビーカステラ。ハチミツと伊勢茶の2種類

スープ3種
3610円
ホタテ、エビ、アワビ、3種の海の幸にさまざまな野菜と生クリームを加えて仕上げたスープ。パスタソースにするのもおすすめ

**姿煮あわび
ごはんの素(2合用)**
3030円
アワビと魚介の旨みが凝縮されたごはんの素。アワビがまるごと入り、香り高い磯の風味があふれる身、コクのある肝と、素材の味が生きる

伊勢●おはらい町&おかげ横丁

五十鈴茶屋 本店
いすずちゃや ほんてん
おはらい町 **MAP** 本書P.51
伊勢参道で古くから休憩処の喫茶として親しまれている五十鈴茶屋。店頭には季節をテーマにした和菓子をはじめ、伊勢みやげに最適な和洋菓子が揃う。
☎0596-22-7000(代) 伊勢市宇治中之切町30 9:00〜17:00(喫茶9:30〜16:30)
休無休

虎屋ういろ 内宮前店
とらやういろ ないくうまえてん
おはらい町 **MAP** 本書P.50
大正12年(1923)に創業し、昭和13年(1938)以来ういろ一筋。黒砂糖を使った昔ながらの製法にこだわり、もっちり食感とあっさりした甘みが魅力。
☎0596-29-0008 伊勢市宇治中之切町91
9:00〜17:00 休無休

伊勢せきや 内宮前店
いせせきや ないくうまえてん
おはらい町 **MAP** 本書P.50
アワビをはじめとする厳選した海・山の幸を、伝承の醤であしらい、海産珍味やごはんの素などをはじめとした数々の銘品を販売している。
☎0596-28-0081 伊勢市宇治中之切町87
9:00〜17:00 休無休

岩戸餅
850円（8個入り）
北海道小豆のこし餡をやわらかな餅で包み、きな粉をまぶしたシンプルな和菓子

岩戸餅ラングドシャ
1020円（10枚入り）
あんこの風味たっぷりのチョコと「岩戸餅」のきな粉が練り込まれたビスケットがさくさく食感のラングドシャ

生姜糖 一口サイズ（180g）**650円**
伊勢神宮の御札をかたどった生姜糖を一口サイズに食べやすくしたもの

神話にちなんだ伊勢の名物

漁師あられ 各390円
いか、えびしお、あおさのりの3種類あり。サクサクの食感がくせになる

おみくじせんべい
450円
三角柱のかわらせんべいの中におみくじが入っている。一日の運だめしに

懐かしい駄菓子がいっぱい

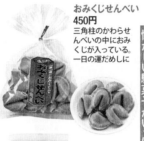

わらじかりんとう（黒蜜）
550円
一番人気の菓子。パリパリの薄焼きの黒砂糖風味のかりんとう

伊勢路の名産品を探すならここ！

伊勢うどん4食化粧袋入り 1320円
伊勢を代表する郷土料理が手軽に家庭で味わえる。たまり醤油ベースのタレ付き

和風だし つゆの素（右）**680円**（200g）
新極上つゆの素（左）**1470円**（200g）
素材の旨みにこだわった万能和風調味料。家庭でプロの味が楽しめる

えびのおかげせん
1200円（18枚入り）
伊勢エビや旨味のあるエビをたっぷり入れて焼き上げたせんべい。しっかりした食感

銘菓・名産をお持ち帰り

伊勢神宮内宮前岩戸屋
いせじんぐうないくうまえいわとや
おはらい町 **MAP** 本書P.50
天の岩戸伝説ゆかりのお多福が店の看板で、お多福の木像が入口でお出迎え。岩戸餅や生姜糖は伊勢の名物として名高い。食事処も併設されている。
☎0596-23-3188　㊟伊勢市宇治今在家町58
🕘9:00〜17:00　🈳無休

銭屋
ぜにや
おかげ横丁 **MAP** 本書P.51
一文銭の看板が目立つ駄菓子の店。伊勢名物の田舎あられや昔懐かしのカルメ焼きなど定番から変わり種の菓子まで豊富に揃う。
☎0596-23-9014　㊟伊勢市宇治中之切町52
🕘9:30〜17:00（季節により異なる）　🈳無休

名産味の館
めいさんあじのやかた
おかげ横丁 **MAP** 本書P.51
食材や飲料、加工食品など、伊勢路ならではの味覚を手軽に楽しめるものが揃っている。つゆの素や伊勢うどんなどオリジナル商品も充実。
☎0596-23-8820　㊟伊勢市宇治中之切町52
🕘9:30〜17:00（季節により異なる）　🈳無休

ご利益や伝統をまとう
和雑貨と出会う

伊勢の伝統工芸・伊勢木綿や伊勢型紙、おかげ参りのマスコット的存在「おかげ犬」など。お伊勢参りの思い出にふさわしい、職人技が生む和情緒あふれる雑貨や小物をおみやげにしたい。

伊勢●おはらい町＆おかげ横丁

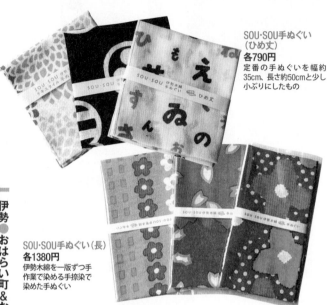

SOU・SOU手ぬぐい（ひめ丈）
各790円
定番の手ぬぐいを幅約35cm、長さ約50cmと少し小ぶりにしたもの

おかげ犬・小
2200円
木綿生地を使ったかわいいぬいぐるみ。心地よい手ざわり

松阪木綿のかわいいグッズ

SOU・SOU手ぬぐい（長）
各1380円
伊勢木綿を一版ずつ手作業で染める手捺染で染めた手ぬぐい

おかげ犬ストラップ
680円
手のひらサイズのおかげ犬をストラップにアレンジ

梅ゴム 460円
リボンゴム 580円
梅の花の形をした梅ゴム、しゃれたリボンゴムなどのヘアゴムが揃う

伊勢木綿のキュートな布小物

SOU・SOU足袋下
各690円
くるぶし丈のポップな和柄の足袋。履いているだけで楽しい

魚春五十鈴川店
うおはるいすずがわてん
おはらい町 MAP 本書P.50
昭和6年（1931）に魚商として創業。現在は伊勢地方独特の乾物「さめのたれ」のほか、伊勢木綿を使ったSOU・SOUの手ぬぐいや足袋下なども販売。
☎0596-20-7752 ㊟伊勢市宇治中之切町9
🕐9:30〜17:00 ㊡水曜（祝日の場合は翌日）

もめんや藍
もめんやあい
おかげ横丁 MAP 本書P.51
江戸時代に江戸で庶民に「粋」として流行した藍染・縞柄の松阪木綿。その伝統的な生地を使った現代風グッズが約900点揃う。
☎0596-23-8809 ㊟伊勢市宇治中之切町77
🕐9:30〜17:00（季節により異なる）㊡無休

招き猫おみくじ 各400円
「白=招福」など色によって縁起はそれぞれ。中におみくじが入っている

おかげ犬ぽち袋
各330円(3枚入り)
かわいらしいおかげ犬のぽち袋。全5色

おみくじ帖
2530円
ありがたいお告げを集める専用ノート。後から見返して開運に役立てよう

おかげ犬御守木札
各495円
おかげ犬の由来が書かれた紙と犬をかたどった木札が入っている

お名前はんこ
各600円
伝統ある伊勢千代紙で包んだはんこ。約500種類ある

おかげ横丁限定ぽち袋
各330円
人気の有田ひろみ氏作画の限定ぽち袋。一袋に3枚入っている

おしゃれな伝統工芸の雑貨

入れ子ボックス(中)
990円
カラフルな柄がいっぱい。小物入れなどに最適

おかげ犬みくじ
各400円
小さな陶器のかわいい置物。白と黄色のほか、黒色もある。座布団は別売り

おかげ横丁のオリジナルグッズ

手彫りイセノウタしおり
各385円
四季折々の伊勢の動植物を伊勢型紙に手彫りしている

おかげ横丁限定がま口
1100円〜
がま口はさまざまな色や大きさが揃う。写真はイメージ

福を呼ぶ招き猫グッズがいっぱい

赤い紐を引くと、おみくじが出てくる

和雑貨と出会う

吉兆招福亭
きっちょうしょうふくてい

おかげ横丁 **MAP** 本書P.51

おかげ横丁にある招き猫専門店。店内には1000以上もの招き猫が所狭しと並び、瀬戸焼や九谷焼などの陶器、木彫り、張子など見るだけでも楽しい。

☎0596-23-8852 所伊勢市宇治中之切町52
🕘9:30〜17:00(季節により異なる) 休無休

神路屋
かみじや

おかげ横丁 **MAP** 本書P.51

伊勢型紙、伊勢木綿、伊賀の組紐など三重の伝統工芸をベースにした雑貨などを販売。伝統的なものをモダンにアレンジしたしゃれた商品も多数揃う。

☎0596-23-8822 所伊勢市宇治中之切町52
🕘9:30〜17:00(季節により異なる) 休無休

おみやげや

おかげ横丁 **MAP** 本書P.51

代参犬をモチーフにしたおかげ犬の多彩な商品など、おかげ横丁のオリジナルグッズが並ぶ。総合案内所も兼ね、横丁観光の基点にもなっている。

☎0596-23-8838 所伊勢市宇治中之切町52
🕘9:30〜17:00(季節により異なる) 休無休

もうひとつの門前町

外宮参道
げくうさんどう

伊勢市駅前の大鳥居をくぐれば、外宮まで続く約400mの参道沿いに新旧の多彩な店が軒を連ねている。

伊勢製菓三ツ橋
いせせいかみつはし

MAP 付録P.10 B-2

古くから伊勢の伝統菓子として親しまれてきた「ばんじゅう」。しっとり生地のパンとたっぷり餡のまんじゅうの旨みを併せ持った菓子で、この店には常時5種類以上が揃い、イートインできる。

☎0596-29-3284　所伊勢市本町5-3
営10:00〜17:30　休水・木曜　交JR／近鉄・伊勢市駅から徒歩4分　Pなし

↪イートインスペースは約10席。ばんじゅうのほか、伊勢うどんもあり

↪バラ売りの注文は3個から。箱売りは各種セットあり

↪表面カリカリ、中しっとりの焼きたてを食べよう

↪定番5種類は、こしあん、伊勢茶、栗、カスタードなど。季節替わり品も注目

↪伊勢まぐろの豊穣丼2080円。マグロのほか、イクラやサーモンなどがのり、具だくさん

割烹 寿司 桂
—外宮—
かっぽう すし かつら ―げくう―

MAP 付録P.10 C-2

店内に入ると一枚板のカウンター、生け簀には伊勢エビやアワビなど地物の海の幸。贅沢な空間で、リーズナブルなてこね寿司から高級懐石料理まで楽しめる、オールラウンドな店。個室も完備する。

☎0596-28-3001　所伊勢市本町17-16
営11:00〜15:00(LO14:30) 16:30〜21:00(LO20:30)
休水曜　交JR／近鉄・伊勢市駅から徒歩2分　Pなし

↪個室は大小さまざま。掘りごたつ的座席なので足の負担が少ない

伊勢網元食堂

いせあみもとしょくどう

MAP 付録P.10 B-3

伊勢にある旅館がプロデュースする食堂。定食を中心に、伊勢ならではの食材を使用した多彩なメニューが味わえる。ディナーはアラカルトメニューも充実しており、三重の地酒と一緒に味わうこともできる。

☎0596-65-6417 ㊟伊勢市本町18-27 ㊟11:00〜14:30(LO)17:00〜20:30(LO) ㊡無休 ㊚JR／近鉄・伊勢市駅から徒歩2分 ㋿なし

鮮度抜群な海鮮を口いっぱいにほおばりたい

◐網元特製海鮮丼2300円。地魚を日替わりで使った丼

◑漁港をイメージした店内は広々としている

手荷物を預けて観光しよう

伊勢市駅の手荷物預かり所では、便利な手荷物預かりや当日宿泊先への配送サービスを利用できる。外宮参道には手荷物預かり実施店(2個まで200円)もある。

伊勢市駅手荷物預かり所

MAP 付録P.10 C-2

☎0596-65-6861 ㊟9:00〜17:30(当日分の手荷物配送受付は〜13:10) ㊡無休 ㊚手荷物預かり1個600円、手荷物配送1個1150円(伊勢鳥羽志摩へ当日宿泊客のみ、離島など一部不可) ㋿なし

山村みるくがっこう 外宮前店

やまむらみるくがっこう げくうまえてん

自社製牛乳を使ったソフトクリームやプリンに行列

MAP 付録P.10 B-3

創業大正8年(1919)の乳業メーカー、山村乳業のミルクスタンド。低温でじっくり殺菌して作る山村牛乳を使ったソフトクリームやプリン、ヨーグルトを販売。

☎090-8077-4563 ㊟伊勢市本町13-6 ㊟10:00〜17:00 ㊡無休 ㊚JR／近鉄・伊勢市駅から徒歩5分 ㋿なし

◐山村牛乳(180㎖)は1本210円

◑フルーツ牛乳やコーヒー牛乳も人気が高い

◑濃厚な牛乳のコクが堪能できる山村ソフトクリーム350円〜

◐年間7万食販売する山村ぷりんソフト400円

伊勢 菊一

いせきくいち

100年以上続く伊勢刃物の老舗の外宮を感じる商品

MAP 付録P.10 B-3

参道でひときわ目立つ店舗は明治40年(1907)創業の刃物の老舗。職人が仕上げた包丁やハサミなどの刃物のほか、天然水晶の勾玉など外宮を感じる商品にも人気が集まる。

☎0596-28-4933 ㊟伊勢市本町18-18 ㊟9:00〜17:00 ㊡木曜 ㊚JR／近鉄・伊勢市駅から徒歩4分 ㋿なし

◑伊勢の伝統の根付けや伊勢勾玉などがずらり

◐勾玉の中に花びら模様。なんじゃもんじゃの花各9500円

◐天然水晶の真我玉各8500円。神路山の金名水で清めてある

◑伊勢勾玉と伊勢ひのきのストラップ各2400円も人気

外宮参道

（地図）

近鉄山田線 伊勢市駅
0 50m
JR参宮線 伊勢市駅
駅前 伊勢市駅 伊勢市駅 手荷物預かり所 P.65
伊勢市駅 世木神社
伊勢市駅西 伊勢市駅前
伊勢外宮参道 伊勢神泉 割烹 寿司 桂 外宮一 P.64
本町1
伊勢製菓三ツ橋 P.64 伊勢百貨店
伊勢網元食堂 P.65
37
大山真珠店
本町2 伊勢 菊一 P.65
外宮参道
21
豚捨外宮前店 P.76
山村みるくがっこう P.65 外宮前店 Bon Vivant
外宮北 外宮前局
P.55 赤福 外宮前店
外宮前観光サービスセンター
外宮前
外宮前 外宮前
P.48 せんぐう館
P.30 表参道火除橋
まがたま池
シティプラザ

古来、神宮参詣者たちが
心身を清めた由緒ある海辺

　この地を訪れた倭姫命が、あまりの絶景に二度振り返ったという逸話が、二見の由来とされる。二見浦は、古来人々が伊勢神宮に参拝する前に、海に浸かって禊を済ませる「浜参宮」を行った海岸として知られ、明治時代には日本初の海水浴場が設けられた。神話と縁深い神社が点在しており、パワースポットとして知られている。

高さ9mの男岩、高さ4mの女岩が注連縄で結ばれた夫婦岩は、二見を代表する風景。夏至の前後約1カ月間は、岩の間から日が昇る

↑伊勢神宮の旅籠町として賑わった昭和初期の面影が、今も残る夫婦岩表参道

伊勢●周辺の街とスポット

海と神話に彩られた縁結びの街

二見
ふたみ

日本の渚百選に選ばれた二見浦海岸に、
日の出で名高い夫婦岩が鎮座する。
語り継がれる神話の舞台を歩きたい。

夫婦岩・二見興玉神社
めおといわ・ふたみおきたまじんじゃ
MAP 付録P.11 E-3

伊勢神宮の前に参拝したい
霊験あらたかな朝日の名所

　祭神である猿田彦大神は、天孫降臨の際に道案内をしたことから、道開きの神、善導の神として信仰を集めてきた。夫婦岩は日の大神(太陽)と沖合に鎮む興玉神石を拝むための鳥居の役目を果たしている。表参道入口には、『君が代』で歌われるさざれ石が据えられている。

☎0596-43-2020
所伊勢市二見町江 時休料拝観自由
交JR二見浦駅から徒歩15分 Pあり(30台)
↑神宮参拝前のお祓いが受けられる拝殿

満願蛙
まんがんがえる

手水舎の水中にあるカエルの石像に水をかけると願いが叶うとされる

龍宮社
りゅうぐうしゃ

裏参道に建つ朱塗りの社。海の守り神である綿津見大神(わたつみのおおかみ)を祀る

天の岩屋
あまのいわや

夫婦岩と対の向きにあり、天照大神が身を隠したと伝わる場所のひとつ

↑夫婦岩の日の出がモチーフの絵馬500円

↑人気の恋みくじ300円は、かわいらしい良縁成就のお守り付き

猿田彦大神の使い・二見蛙

カエルは猿田彦大神の使いと信じられており、「無事帰る」「失くした物が返る」「若返る」などのカエルに掛けた縁起物としても親しまれている。

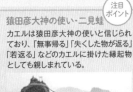

↑ご利益を受けた人々により奉納された
↑境内のいたるところで見られる大小さまざまなカエルの石像

↑全長約1cm、金銀一対の「金銀蛙守」500円

御塩殿神社

みしおどのじんじゃ

MAP 付録P.3 D-2

古式ゆかしい塩作りを伝承
御塩守り神の製塩施設

神宮の神々に奉納する御塩の守護神を祀る社。五十鈴川の御塩浜で汲み上げた濃い塩水を炊いて荒塩とし、御塩殿で三角錐の土器に詰め、焼き固めて仕上げる。

☎0596-24-1111(神宮司庁)
所伊勢市二見町荘 時休料拝観自由
交JR二見浦駅から徒歩15分 Pなし

←屋根が地面までかかる天地根元造(てんちこんげんづくり)の御塩汲入所と御塩焼所

粟皇子神社

あわみこじんじゃ

MAP 付録P.3 D-2

伊勢神宮125社のなかで
最も海に近い内宮の摂社

倭姫命に御贄を奉った海岸守護の神・須佐乃乎平命御玉道主命が祭神。風光明媚な池の浦の浜辺にひっそりと建ち、社殿背後の海岸からは飛島を望むことができる。

☎0596-24-1111(神宮司庁)
所伊勢市二見町松下 時休料拝観自由
交JR松下駅から徒歩20分 Pなし

←「旅荘 海の蝶」の裏手にある

贄海神事の地・神前海岸

立石崎から神前岬までの神前海岸では、鎌倉時代から明治初期まで伊勢神宮へ納する海産物を採取する神事が行われていた。

賓日館

ひんじつかん

MAP 付録P.11 E-3

二見の近代史を語り伝える
日本伝統建築の傑作

明治20年(1887)、伊勢神宮に参拝する賓客の宿泊施設として建設された。歴代の諸皇族や各界要人が数多く宿泊した歴史を持つ、国の指定重要文化財。現在は資料館として一般公開されている。

☎0596-43-2003
所伊勢市二見町茶屋566-2
時9:00～16:30(最終入館)
休火曜(祝日の場合は翌日) 料310円
交JR二見浦駅から徒歩12分 Pなし

←当時の最新技術を結集したデザインが随所に光る

→桃山式折上格天井の大広間。能舞台がある120畳もの大空間にシャンデリアが配されている

蘇民の森 松下社

そみんのもり まつしたやしろ

MAP 付録P.11 F-4

伊勢志摩地方に今も伝わる
厄除け祈願の門符発祥の地

祭神は須佐之男命。蘇民将来が須佐之男命に宿を貸した返礼にと魔除け札を授かった故事にあやかり、「蘇民将来子孫家門」の木札を注連縄とともに玄関に掲げ厄除けとする慣習が、この地に浸透している。

☎0596-44-1000(民話の駅 蘇民)
所伊勢市二見町松下
時休料参拝自由
交JR松下駅から徒歩7分
Pあり(30台)

←安倍晴明による創建の説があり、神紋は晴明判

→茅葺きの絵馬堂が静かな森の中に建つ

→堂々とした姿の大クスは樹齢200年とされる天然記念物

二見の御塩をはじめ、神が召す食材は神宮周辺の御料地で作られる

神様の食事・神饌

伊勢神宮の神々へのお供え物である神饌は、そのほとんどが自給自足・地産地消されている。
地元の豊かな幸を神宮の職員や地元の人々が大切に育て、感謝の心を込めて手作りされる。

御料地で作られる神々へのお供え

伊勢神宮の神々へ供える食事「神饌」の材料は、ほとんどが宮域や近隣で自給自足される。栽培や採取、製造を行う専用地を御料地という。倭姫命が選んだと伝えられる神聖な地であり、基本的に一般の見学はできない。神饌の材料となる農作物や海産物、塩のほか、神饌を盛る土器も手作りされる。二見には塩と農作物の御料地があり、天照大御神がもたらした稲穂が起源とされる米は特に神聖視され、豊作祈願や種まき、田植え、収穫などのたびに神事が行われる。

伊勢神宮の御料地

神宮神田
じんぐうしんでん
伊勢市楠部町にある約3haの水田に、五十鈴川の清流を引き入れて米を栽培。ご飯や酒、餅の原料とされる。付近に内宮摂社の大土御祖神社が祀られている。

御塩浜
みしおはま
伊勢市二見町の五十鈴川河口にある塩田（御塩浜）で塩水を採り、御塩焼所で煮詰めて焼き固め、粗塩を作る。塩はお祓いにも使用される。

神宮御園
じんぐうみその
伊勢市二見町にある野菜と果物の専用農園。一年を通して収穫できるよう、季節の農作物を計画的に育てている。

神服織・神麻続機殿神社
かんはとり・かんおみはたどのじんじゃ
絹布は松阪市の神服織機殿神社（写真上）、麻布は同市の神麻続機殿神社（写真下）で地元の人々が織り上げ、神御衣祭で奉納される。

鰒調製所
あわびちょうせいしょ
神饌に使われるアワビは鳥羽市国崎のものに限られている。生のほか、同地の調製所で干しアワビも作られる。

干鯛調製所
ひだいちょうせいしょ
愛知県知多郡篠島の漁業組合から天日干しの鯛が献上される。干鯛は年に3度の三節祭に限って供えられる。

土器調製所
どきちょうせいしょ
良質の粘土が採れる多気郡明和町の窯で、お供えを盛る素焼きの土器を製造。年に6万個以上が作られている。

岩戸館

いわとかん

MAP 付録P.11 E-3

天の岩戸にちなんで名付けられた老舗旅館。山の水と海の水が交わる神前海岸の海水を鉄製の登窯で15時間かけて作られる「岩戸の塩」を使ったやさしい料理を提供してくれる。

☎0596-43-2122
所伊勢市二見町茶屋566-9
営7:00～22:00
休不定休
交JR二見浦駅から徒歩15分
Pあり（25台）

塩アイス 400円
天然ミネラル豊富な岩戸の塩が入ったミルクジェラート

塩ソフトクリーム 400円
硬めで溶けにくく、塩味のアクセントで後味もすっきり

伝統製法で昔ながらの塩を作り出す

お伊勢参りの禊の地「二見」

二見の塩をおみやげに

➔ 二見浦の自然と伝統にこだわった添加物を一切使用しない自然塩900円～

まるはま

おみやげも食事も伊勢名物が揃う

MAP 付録P.11 E-3

伊勢ならではの名物料理が味わえる食事処。店内には豊富な種類が揃うみやげ物店も併設している。

☎0596-43-2018
所伊勢市二見町茶屋569-14
営9:00～17:00（季節により異なる）
休不定休
交JR二見浦駅から徒歩13分
Pあり（20台）

二見興玉神社の参道にあり参拝客の憩いの場になっている

神宮へ奉納する
「御塩」が有名

二見の スイーツ

上質な塩を使用したスイーツや、長年愛される甘味をぜひ味わおう。

五十鈴勢語庵

いすずせいごあん

MAP 付録P.11 D-3

厳選された上質の小豆に岩戸の塩を使い、余分な添加物を加えずじっくり練り上げて手作りされた塩ようかんは、お茶だけではなくコーヒーや日本酒などのお酒との相性も抜群。

☎0596-42-1212
所伊勢市二見町茶屋569-35
営8:30～19:00
休不定休
交JR二見浦駅から徒歩10分
Pあり（3台）

上質小豆を練り上げた塩ようかん専門店

塩ようかん 855円
ほどよい塩加減で一度食べたらやみつきに。1本250g

美しい夫婦岩表参道の街並みにたたずむ趣のある外観

御福餅本家

おふくもちほんけ

創業約280年の老舗和菓子店

MAP 付録P.11 D-3

伊勢に訪れる旅人に餡餅をお裾分けしたことから始まった和菓子店。名物のお福餅4個入り480円をはじめ、お福包み餅やこし餡のアイスキャンディ・アイスマック1本150円が人気。

☎0596-43-3500
所伊勢市二見町茶屋197-2
営9:00～17:00
休無休
交JR二見浦駅から徒歩5分
Pあり（10台）

お福包み餅 ココア
4個入520円
やさしい甘さのこし餡を餅で包んだ商品。抹茶やきな粉もある

お福包み餅 プレーン
4個入500円

夫婦岩表参道沿いで歴史を持つ二見町で初めての和菓子屋

二見

「伊勢の台所」と呼ばれた
文化息づく蔵の街

　河崎は江戸時代、参宮客で賑わう宇治山田に物資を運ぶため勢田川の水運を利用し発展した問屋街。戦後は陸上運輸が主流となり問屋街としての役目は終えたが、残った町家や蔵をおしゃれな店舗や施設として修復。現在は歴史的建造物の残る観光名所として人気を集めている。

↑勢田川に沿ってレトロな街並みが続く

黒壁の蔵が並ぶ風情ある街

河崎
かわさき

伊勢に暮らす人、伊勢を訪れる人の生活をまかない「伊勢の台所」と呼ばれた街で、今も残る問屋街の面影を探してみたい。

伊勢 ● 周辺の街とスポット

伊勢河崎商人館
いせかわさきしょうにんかん
MAP 付録P.11 E-1

国の登録有形文化財に
指定される商人街のシンボル

　江戸時代に創業された酒問屋「小川酒店」を、当時の風情を残したまま修復。館内では実際に使用されていた家具や蔵、貴重な資料などが見学でき、当時の人々の生活を垣間見ることができる。

☎0596-22-4810
⊕伊勢市河崎2-25-32 ⊕9:30(商人蔵10:00)〜17:00 ⊛火曜(祝日の場合は翌日) ⊕350円、高校・大学生200円、小・中学生100円 ⊕JR/近鉄・伊勢市駅から徒歩10分 Ⓟあり(3カ所あり・計30台)

↑約250年前から大正時代までの貴重な建造物として、国の登録有形文化財に登録

↑奥に入ると明治時代から昭和までサイダーを製造していた約600坪の広大な土地が広がる

↑エスサイダー220円。かつて小川酒店で作られていたサイダーを約40年ぶりに復刻・再現

↑館内では座敷や茶室、応接間などがあり、時代の移ろいが感じられる

↑土間には実際に使用されていたそろばんや算筒など、生活道具が並ぶ

河崎商人蔵
注目ポイント

懐かしい空間に約20店舗が出店する商人蔵では、商人蔵カフェをはじめ、伝統工芸品や雑貨、骨董品などの展示販売ミニギャラリーを併設。

↑商人蔵カフェではチーズケーキがおすすめ

↑ひとつひとつ表情が違う、手作りのおみやげも

↑月替わりで展示販売をするミニギャラリーには、個性豊かな作品が並ぶ

↑古布の小物や、洋服・着物、器など生活骨董も充実

↑目を楽しませてくれる布製品や小物類が揃う

レトロな建物ウォッチング

建物に注目するのも河崎の楽しみ方のひとつ。各家の由緒などを記すプレートや「隅蓋」と呼ばれる飾り瓦を探してみよう。

↑腐食防止のために塗られた黒壁が情緒豊かな街並みを演出する

↑隅蓋は火除けを願って、水に関係する動物や風景をかたどったものが多い

蔵や古民家を利用したショップ&カフェ

河崎には個性豊かでノスタルジックなお店がたくさん。
巡りながら、タイムスリップしたような気分を味わってみては。

アンティークな雑貨店

月の魚
つきのさかな

大正時代の砂糖問屋の蔵を改装した、レトロな雑貨店。店主がチョイスした雑貨や着物、オリジナル製作のシルバーアクセサリーが揃う。

↑一点ものや作家の作品など、贈り物やおみやげにもおすすめ

↑オリジナル商品のバングル6000円

↑アンティーク着物で作った小物入れ1650円

MAP 付録P.6 C-2
☎0596-26-2008 ㈤伊勢市河崎2-4-14 ㈱11:00〜17:30 ㉁火曜(祝日の場合は翌日) ㉃JR／近鉄・伊勢市駅から徒歩10分 ㋹あり(1台)

↑レトロデザインのプチバッグ4180円

河崎・川の駅
かわさき・かわのえき
MAP 付録P.11 E-1

レトロな建物で
街の歴史にふれる

↑明治時代の味噌・醤油蔵を修復した駅舎

明治時代の蔵を修復したレトロな建物。川沿いのデッキは、伊勢市内を走っていた路面電車の駅舎がモチーフになっている。舎内では勢田川の歴史などを紹介する。

☎0596-22-4810(伊勢河崎商人館)
㈤伊勢市河崎2 ㈱9:30〜17:00 ㉁火曜(祝日の場合は翌日) ㉺無料 ㉃JR／近鉄・伊勢市駅から徒歩10分 ㋹なし(伊勢河崎商人館駐車場利用)

↑川を生かしたまちづくり拠点として活用

特別な一冊に出会えるかも

古本屋ぽらん
ふるほんやぽらん

築200年の古民家を改装した店内には、店主がセレクトした古本や歴史書物、絵本をはじめ、レコードなど幅広い商品が揃っている。

MAP 付録P.11 D-2
☎0596-24-7139 ㈤伊勢市河崎2-13-18 ㈱10:00〜19:00 ㉁火曜(祝日の場合は翌日) ㉃JR／近鉄・伊勢市駅から徒歩10分 ㋹あり(2台)

↑大きな店頭幕が印象的。気軽に入れるので、ふらりと立ち寄りたい

↑4匹の看板猫が出迎える店内には猫の本もズラリ

サロン的存在の蔵カフェ

茶房 河崎蔵
さぼう かわさきぐら

蔵の独特の重厚感が癒やし空間を演出。なかむら珈琲や山村乳業など地元製品をメニューに取り入れており、旅人はもちろん地元住民で賑わう。

MAP 付録P.11 D-2
☎090-1472-8713 ㈤伊勢市河崎2-13-12 ㈱9:00〜17:30(LO) ㉁不定休 ㉃JR／近鉄・伊勢市駅から徒歩10分 ㋹あり(5台)

↑ジャズの流れる落ち着いた空間。この空間で味わう一杯は格別

↑入口には猫店長の「ウッシー」が座っていることも

↑手作りのシフォンケーキセット800円

本殿は「さだひこ造り」という特殊な妻入造。神前結婚式の式場としても名高い

伊勢神宮周辺のご利益スポットを訪ねる

運気を引き寄せる神々のもとへ

伊勢には往時のお伊勢参りとも縁の深い大小さまざまな神社仏閣が点在する。
願い事に合わせて足を運び、開運のお守りを手に入れたい。

お伊勢参りに欠かせない「道開き」の神様

猿田彦神社
さるたひこじんじゃ

ご利益
道開き
方位除け

内宮周辺 **MAP** 付録P.9 D-2

伊勢神宮の内宮へとつながる交差点に位置する。祭神である猿田彦大神が天孫降臨の際に道案内を務めたことから道開きの神とされ、方位除け、交通安全にご利益がある。起業や転職といった節目にも訪れたい。

☎0596-22-2554 ㊟伊勢市宇治浦田2-1-10 ㊟拝観自由(授与所8:30～17:00) ㊝JR/近鉄・伊勢市駅から三重交通バス・内宮前行きで15分、猿田彦神社前下車すぐ ㋟あり(96台・30分無料)

↑方位除けのご神徳を仰ぐため、鳥居の脚や境内の随所に八角形がある

↑かつての本殿跡地にある方位石。方位が刻まれた八角形の石で、願いを込めて触れるとご利益があるといわれる

↓猿田彦神社独自の「みちびきの舞」が描かれた願かけ絵馬800円

境内社もチェック

佐瑠女神社
さるめじんじゃ

猿田彦大神の妻とされる天宇受売命が祭神。天照大神を天の岩戸から出すため神楽を舞った神話により、芸能の神様とされる。

↑俳優、神楽、技芸、鎮魂の祖神とされ、芸能関係者も数多く参拝に訪れるという

開運お守り

はじめの一歩御守 1000円

新しい物事を始める際、道開きの神様にあやかり、第一歩を良い方向へと導いてくれる

藝能おまもり 1000円

芸能芸術関係が良い方向に成就し、日々の努力が形となって実を結ぶように導いてくれる

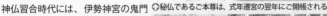

朝熊岳金剛證寺

朝熊山の頂に建つ
伊勢神宮の鬼門を守る名刹

朝熊岳金剛證寺
あさまだけこんごうしょうじ
朝熊山周辺 **MAP** 付録P.3 D-3

ご利益
厄除け
開運

神仏習合時代には、伊勢神宮の鬼門を守る奥ノ院として神宮参拝後に必ず訪れる習わしだった。「お伊勢参らば朝熊をかけよ、朝熊かけねば片参り」と伊勢音頭でも詠われたほど。

☎0596-22-1710 所伊勢市朝熊町548
時9:00〜15:45 休無休 料無料
交JR／近鉄・伊勢市駅から車で30分
Pあり(50台)

↑秘仏であるご本尊は、式年遷宮の翌年にご開帳される

↑室町時代の建築様式を模したといわれる重厚な仁王門　↑聖地と俗界との結界を表している朱塗りの太鼓橋

↑子宝・子授けにご利益があるとされる地蔵尊。仁王門に続く参道脇の祠の中にある

松尾観音寺

龍神伝説が今も残る
日本最古の厄除け観音様

松尾観音寺
まつおかんのんじ
皇學館周辺 **MAP** 付録P.7 F-3

ご利益
災難除け
縁結び

奈良時代に行基によって創建され、十一面観音がご本尊として安置されている。応永10年(1403)に起きた本堂火災の際、二ツ池に棲む雌雄の龍が観音様を救い出した逸話がある。

☎0596-22-2722 所伊勢市楠部町156-6
時休拝観自由(本堂8:00〜16:00)
交JR／近鉄・伊勢市駅から三重交通バス・イオン伊勢店行きで10分、松尾観音寺下車すぐ
Pあり(10台)

↑本堂屋上の擬宝珠には、1万巻の写経が納められている

↑本堂の床に浮き出た龍の模様。なでると運気上昇　↑願い事によって5つに色分けされている縁むすび絵馬

宇治神社(足神さん)

人生の足取りが軽くなる
健脚の神様として有名

宇治神社(足神さん)
うじんじゃ(あしがみさん)
内宮周辺 **MAP** 付録P.9 D-4

ご利益
家内安全
病気平癒

山の神様である大山祇神が主祭神。二ノ鳥居近くの祠に、足にまつわる願いを聞いてくれる足神さんが祀られており、数多くの陸上選手や足の悪い人が参拝に訪れている。

☎0596-24-9587
所伊勢市宇治今在家町172
時休拝観自由(授与所9:30〜13:30、無休)
交JR／近鉄・伊勢市駅から三重交通バス・内宮前行きで20分、終点下車、徒歩3分
Pなし(付近に伊勢神宮内宮駐車場あり)

↑足腰の悪いところとこの石とを交互になでることで平癒を祈る「撫石」。これが目的の参拝客も多い

↑病気平癒の祈願・お礼にわらじを奉納する習わしがある

↑マラソン金メダリストの野口みずき氏が五輪前に訪れた　↑本殿には内宮の鳥居前町の氏神様も祀られている

もっと伊勢を知る

伊勢志摩の中心都市ともいえる伊勢。伊勢神宮や歴史ある寺社仏閣のほかにも
お伊勢参りゆかりのスポットや文化施設、ショッピングにテーマパークなど多彩な楽しみがある。

伊勢●周辺の街とスポット

朝熊山頂展望台
あさまさんちょうてんぼうだい
朝熊山周辺 **MAP** 付録P.3 D-3

360度のパノラマが開ける

伊勢志摩スカイラインの中間地点、朝熊山の南峰山頂にある。伊勢湾の眺望が見事。

☎0596-22-1248 所伊勢市朝熊町 営7:00〜19:00(季節により異なる)、売店・茶屋9:00〜17:00、展望足湯10:00〜17:00 休無休 料無料(伊勢志摩スカイライン通料が必要)、展望足湯100円 交JR／近鉄・伊勢市駅から車で30分 Pあり(100台)

↑晴れた日には伊勢湾越しに愛知県の渥美半島や知多半島が見える。さらに、富士山まで見えることも

↑青空に映える「天空のポスト」

↑伊勢湾の絶景を望む展望足湯

伊勢志摩スカイライン
いせしまスカイライン
朝熊山周辺 **MAP** 付録P.2 C-3

天空のドライブウェイへ

朝熊山を縦走し、伊勢と鳥羽をほぼ東西に結ぶ観光道路。コース全般に景観が開け、特に伊勢湾が美しい。山頂をはじめ山腹にも展望台がある。

☎0596-22-1810 所伊勢市〜朝熊山上〜鳥羽市 営7:00〜19:00(季節により異なる) 休無休 料通行料1270円 交JR／近鉄・伊勢市駅から車で18分 Pあり(朝熊山頂展望台駐車場利用)

↑島々が浮かび、入り組んだ海岸線の絶景が目の前に現れる

伊藤小坡美術館
いとうしょうはびじゅつかん
内宮周辺 **MAP** 付録P.9 D-2

凛とした女性の美を伝える

京都画壇で活躍した日本画家。特に美人画と風俗画が有名。猿田彦神社の宮司の娘として生まれ、美術館はその近くだ。

☎0596-22-2554(猿田彦神社) 所伊勢市宇治浦田2-4-65 営9:30〜16:00 休月・火曜(祝日の場合は翌日) 料300円 交JR／近鉄・伊勢市駅から三重交通バス・内宮前行きで15分、猿田彦神社前下車、徒歩3分 Pあり(8台)

↑土蔵のような造りの美術館

↑小坡の作品を多く収蔵する

小西萬金丹
こにしまんきんたん
外宮周辺 **MAP** 付録P.6 A-2

江戸から続く伊勢の霊薬

特に胃腸に効くという万能薬、萬金丹はお伊勢参りのおみやげとしても人気のあった漢方薬。延宝4年(1676)創業の老舗で建物は明治初期に建てられたもの。

☎0596-28-2647 所伊勢市八日市場町1-20 営9:00〜17:00 休水曜午後 料無料 交JR／近鉄・伊勢市駅から徒歩15分 Pなし

↑屋根はわずかに湾曲を描く

↑入口の間に飾られた古い看板が江戸からの歴史を物語る

伊勢和紙館
いせわしかん
外宮周辺 **MAP** 付録P.6 B-2

伊勢和紙について学ぶ

伊勢神宮など全国の神社の御神札に使われる伊勢和紙の資料や製造道具を展示。作品展などを開くギャラリーも併設。

☎0596-28-2359 所伊勢市大世古1-10-30 営9:30〜16:30 休土・日曜(併設の伊勢和紙ギャラリー展覧中は開館) 料無料 交JR／近鉄・伊勢市駅から徒歩12分 Pあり(10台)

↑大正モダン薫る木造建築

↑運営する大豊和紙工業は、創業以来神宮御用紙を奉製。「神宮御用紙製造場」の石碑が立つ

Time's Place うじやまだ
タイムズ プレイス うじやまだ

宇治山田駅周辺 **MAP** 付録P.6 C-2

宇治山田駅構内のお楽しみ

⬆おみやげに最適な品が見つかる

2013年に行われた伊勢神宮の式年遷宮を記念しオープンした、駅ナカショッピングモール。伊勢志摩を代表する名産品やお菓子が並ぶ。

☎伊勢市岩渕2-1 🕐6:00～21:00(店舗により異なる) 休無休 交近鉄・宇治山田駅構内 Pなし

伊勢夫婦岩めおと横丁
いせめおといわめおとよこちょう

二見 **MAP** 付録P.11 F-3

地元の味をおみやげに

夫婦岩と遊歩道でつながっているショッピングゾーン。海産物や名物菓子の店がずらりと並ぶ。店内での食事も可能。

⬆ちょうちんが印象的な館内

☎0596-43-4111 所伊勢市二見町江580 🕐9:00～17:00(季節により異なる) 休12月に4回 交JR二見浦駅から徒歩20分 Pあり(250台・有料)

⬆伊勢木綿を使った御朱印帳作りなど伊勢ならではの体験も

マコンデ美術館
マコンデびじゅつかん

二見 **MAP** 付録P.3 D-2

アフリカの躍動を感じる

東アフリカのタンザニアに住むマコンデ族の作る彫刻を展示、紹介。初代館長が生命力あふれる彫刻の力強さに惹かれて収集した作品から約600点を展示。

☎0596-42-1192 所伊勢市二見町松下1799 🕐9:00～17:00(入館は～16:30) 休火曜(祝日の場合は翌平日)、2・6・10月の第3月～金曜 料1000円 交JR二見浦駅から車で10分 Pあり(30台)

⬆黒檀の黒色がより魔性を秘める

伊勢忍者キングダム
いせにんじゃキングダム

二見 **MAP** 付録P.11 D-4

和の異世界! リアルにRPGを体験

忍者と対決するリアルRPGや忍者ショーなどの芝居、空中アスレチックなどが楽しめる。忍者の衣装で変身して園内を満喫。

☎0596-43-2300 所伊勢市二見町三津1201-1 🕐9:00～17:00 休無休 料1500円、フリーパス4900円 交JR二見浦駅から徒歩15分 Pあり(1000台)

⬆忠実に再現された安土城は圧巻

伊勢夫婦岩ふれあい水族館 伊勢シーパラダイス
いせめおといわふれあいすいぞくかん いせシーパラダイス

二見 **MAP** 付録P.11 F-3

海獣たちとふれあい体験

距離感ゼロがテーマのふれあい水族館。毎日開催されるセイウチ、トド、アザラシの柵なしレイベントは大人にも好評。

⬆セイウチのお散歩タイム

☎0596-42-1760 所伊勢市二見町江580 🕐9:30～17:00(季節により異なる) 休12月に4回 料2100円 交JR二見浦駅から徒歩20分 Pあり(250台・有料)

⬆人気のゴマフアザラシ

民話の駅 蘇民
みんわのえき そみん

二見 **MAP** 付録P.11 F-4

地産の新鮮な野菜や魚

地元で採れた野菜や水揚げされたばかりの魚などと、餅やおこわ、郷土菓子などを販売する道の駅。近くには蘇民民話の伝わる松下社、二見しょうぶロマンの森がある。

⬆周囲に溶け込む木造の建物

☎0596-44-1000 所伊勢市二見町松下1335 🕐9:00～17:00 休8月14・15日 交JR松下駅から徒歩7分 Pあり(40台)

⬆地元の特産品は新鮮で安価

伊勢 食べる

伊勢エビをアートな一皿に

伊勢を代表する高級食材、伊勢エビは美食の殿堂たるフレンチとの相性が抜群。趣向を凝らした最高級の美味を楽しみたい。

美(うま)し国で花開く洗練フレンチ

伊勢海老コース
2万2000円〜
志摩の和具直送の伊勢エビのボイルをメインに、前菜は伊勢志摩の幸のサラダ仕立て ※完全予約制

Bon Vivant
ボン ヴィヴァン

フランス料理

外宮周辺 MAP 付録P.10 B-3

歴史ある豪華な洋館で
思い出に残るフレンチを
大正12年(1923)に建設された山田郵便局電話分室をリノベーションしたクラシカルな空間で、旅の思い出に花を添える豪華なフレンチディナーを堪能したい。伊勢エビやアワビ、地元産の野菜など当地の海山の幸を存分に味わえる。

☎0596-26-3131
㊟伊勢市本町20-24
㊟レストラン12:00〜15:00(LO13:00)
17:30〜21:00(LO19:00) ※完全予約制
㊡月・火曜(祝日の場合は翌平日)、休前日のディナー ㊟JR／近鉄・伊勢市駅から徒歩5分 ㊿あり(1台)

予約 要
予算 LD 1万1000円〜

⤴大正レトロな雰囲気あふれる店内

ディナーコース
1万5400円
伊勢エビ料理は1万5400円の
コースから。写真は伊勢のお米・
伊勢エビのサラダ・ヒジキソー
ス。伊勢の特産、蓮台寺柿もア
レンジされた創作フレンチ

美し国で花開く洗練フレンチ

カンパーニュ

フランス料理

伊勢西IC周辺 **MAP** 付録P.8 C-1

独創的な皿の数々に感動
素材を知り尽くしたシェフの技

外宮と内宮の中間、伊勢西ICのすぐ近く
にあるフレンチレストラン。東シェフによ
る松阪牛、伊勢エビ、地元産の米、フルー
ツなどを使った独創的な料理は、どの食
材の旨みも絶妙に調和させる逸品揃い。

☎0596-29-2000

予約 要
予算 Ⓛ5500円〜
　　　 Ⓓ9900円〜

🏠伊勢市勢田町115-3
🕐12:00〜13:30(LO)
17:30〜19:30(LO)
※営業状況は要確認　🈺火曜(祝日の場合は営業)
🚌JR／近鉄・伊勢市駅から三重交通バス・内宮前
行きで7分、蓮台寺下車すぐ　🅿あり(20台)

⬆松阪牛の専用農場、松本牧場
の肉を使った特選イチボ肉の
ロースト・トリュフの香り

⬆店に入るとカフェスペース
があり、シェフ手作りのス
イーツを気軽に楽しめる

⬆カジュアルな外観で入りや
すい。駐車スペースも広い

⬆店の奥にあ
るレストラン
スペースはシッ
クな落ち着き
でゆったり食
事ができる

**Menu la mer
8360円**
メインの伊勢エビのカダイ
フ焼き・ヤーコンのトリュ
フ風味のソース(アワビ料
理とチョイス可)に、宝石の
ようなデザート盛り合わせ

ル・バンボッシュ

予約	要

予算
Ⓛ 3300円～
Ⓓ 4950円～

フランス料理

宮川堤周辺 MAP 付録P.2 B-2

伊勢志摩ならではの食材の恵みを
皿の上に表現する珠玉のフレンチ

清流、宮川のほとり、閑静な地にたたずむ
レストラン。本場フランスの名店で修業を
積んだシェフが、伊勢エビ、アワビ、松阪
牛など伊勢志摩の海山の幸を駆使して創
造する料理はいずれも絶品。

☎0596-26-1040
所伊勢市辻久留2-10-3
営フレンチレストラン11:30
～13:30(LO) 17:30～19:00
(LO) 休火・水曜、月1回不
定休 交JR/近鉄・伊勢市駅
から三重交通バス・大倉うぐ
いす台行きで10分、フリー辻
久留2丁目下車すぐ Pあり
(20台)

↑店内は白を基調とし
た明るい雰囲気

↑モダンアートがちりばめられた
オシャレな内装。個室も完備

グリル片山

グリルかたやま

予約	要

予算
Ⓛ 6600円～
Ⓓ 9680円～

フランス料理

宇治山田駅周辺 MAP 付録P.7 D-3

伊勢の人たちに愛され続ける
老舗のフレンチレストラン

昭和47年(1972)創業の伊勢の洋食レスト
ランの名店で、店内にはワインセラーもあ
り、ビーフシチュー3850円などアラカル
トメニューも充実。伊勢エビ、アワビ、松
阪牛を使った料理が豊富に揃う。

**太陽コース
1万9800円**
右上から時計回りに裏ごしを3
回行った伊勢エビスープ、伊
勢エビのソテー・3色ソース、
アワビのステーキ・グリンピー
スソース。すべてこの店のロ
ングセラー料理

☎0596-25-1726
所伊勢市岩淵3-6-47
営12:00～15:00
(LO13:30) 17:30～
21:30(LO19:30) 休火
曜(祝日の場合は営業、
月1回連休あり) 交近
鉄・宇治山田駅から徒歩
7分 Pあり(10台)

伊勢●食べる

予約 可
予算
L 2000円〜
D 2000円〜

あわびバター焼き
5000円〜
この店の名物のひとつ。鮮度抜群の志摩産アワビをシンプルにバター焼きでいただこう

伊勢海老の具足煮
6500円〜
伊勢エビをまるごと1匹、薄口のだしでじっくり煮た具足煮。伊勢エビの風味が存分に楽しめる

↑ モダンな日本家屋店舗（左）。1階は気軽なテーブル席。2階には大広間や個室がある（右）

伊勢神宮のお膝元で
伊勢志摩の旬を食す

大喜
だいき

宇治山田駅周辺 **MAP** 付録P.6 C-2

宇治山田駅に隣接する創業約75年の日本料理の老舗。伊勢エビ、アワビをはじめカキなど伊勢志摩の旬の味覚が味わえ、会席料理から寿司、一品料理、格安な定食まで幅広いメニューを揃える。

☎0596-28-0281
所伊勢市岩渕2-1-48 営11:00〜21:30（LO21:00）※平日14:30〜16:30は休み 休木曜 交近鉄・宇治山田駅からすぐ P あり（30台）

素材に寄り添う料理人の技で、豊かな海の幸を味わう

和の粋でいただく伊勢エビ＆アワビ

素材の旨みを最大限に引き出す繊細な味付けでいただく伊勢エビとアワビもまた格別。
厳選された旬の食材が丹精込められて膳に上れば、心満ちる至福のおもてなしに。

四季食材を使った
日本料理を手軽に

花菖蒲
はなしょうぶ

予約 要
予算 L D 4000円〜

外宮周辺 **MAP** 付録P.6 A-2

伊勢エビやアワビを使用したコースが人気。三重県産の黒毛和牛ヒレステーキからつむぎ御膳2970円（平日限定ランチ）まで、予算に合わせた食事が楽しめる。地元では記念日に利用されることも多い。

☎0596-27-1381
所伊勢市曽祢1-7-2 営11:30〜13:30(LO) 17:00〜21:00(LO19:30) 休水曜、木曜不定休 交JR／近鉄・伊勢市駅から徒歩13分 P あり（15台）

↓ 外宮から徒歩10分ほどのロケーション

↓ 店内はすべて椅子席。個室もあり

鮑懐石コース（伊勢志摩産）1万1000円〜
（税・サービス料別）
3〜9月限定。10〜3月は伊勢海老コースが登場。写真はコースの一例

← 黒毛和牛（三重県産）ヒレステーキ懐石は1万1000円。コース内容は予約時に応相談

美し国で花開く洗練フレンチ　伊勢エビ＆アワビ

79

↑昭和20年(1945)の創業時には料理屋として営業

↑大正12年(1923)創業の老舗のうどん専門店

古風なたたずまいの名店の味に、店主のこだわりを見る

個性派 伊勢うどん

やわらかい極太麺に黒いたまり醤油のタレを絡めて食す独特のうどん。さまざまなアレンジを加えた名物メニューを食したい。

つたや

河崎 **MAP** 付録P.11 E-2

かまどでじっくり炊き上げる
創業以来変わらない絶品タレ

昔ながらの味を守り、今なお愛され続ける老舗店。煮干し、カツオ節、昆布を加え、飲み干せるほどサラリとした口当たりと、たまりの風味豊かなタレで仕上げる伊勢うどんは食べる価値あり。

☎0596-28-3880
所伊勢市河崎2-22-24 営11:00～16:00(売り切れ次第終了) 休日曜 交JR／近鉄・伊勢市駅から徒歩15分 Pあり(4台)

↑観光客はもちろん、ご近所さんで賑わう

焼豚伊勢うどん
900円
常連のリクエストから生まれた、ここでしか味わえないメニューとして人気の変わり伊勢うどん

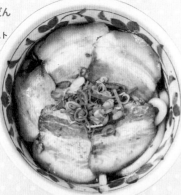

まめや

外宮周辺 **MAP** 付録P.10 C-1

独自製法の自家製麺と
地元のたまりの結晶

三重県産の小麦粉を使った自家製麺を1時間かけて茹で一晩寝かせて、コシをとったつるふわな伊勢うどんが人気。地元蔵元のたまり醤油をベースにしたタレもこだわりの極みだ。

☎0596-23-2425
所伊勢市宮通2-19-11 営10:00～14:45(LO) 17:00～19:15(LO)土・日曜、祝日10:00～19:15(LO) 休火曜(月1回水曜休みの場合あり) 交JR／近鉄・伊勢市駅から徒歩5分 Pあり(14台)

↑温かい雰囲気の店内。テーブルのほか、座敷もある

伊勢海老
うどん 時価
まるごと1匹の伊勢エビの天ぷらがのった、店名物の贅沢伊勢うどん。季節の関係で事前に要問い合わせ

↑2023年に移転、リニューアルした

↑蔵造り風の店舗には「中むら」の文字

↑小路にたたずむ昔ながらの店舗

山口屋
やまぐちや

外宮周辺 **MAP** 付録P.10 B-1

創業当時と変わらない
自家製麺と秘伝のタレ

昭和初期から続く伊勢うどんの店。創業以来引き継がれる自家製麺は太く独特のふんわりした食感が特徴だ。墨のように黒い昔ながらの秘伝のタレはまったく塩辛くなく深いコクが味わえる。

☎0596-28-3856
所伊勢市宮後1-4-23 営10:00〜15:00 16:00〜18:30(LO18:15) 休木曜、第1・3水曜(祝日の場合は営業) 交JR／近鉄・伊勢市駅から徒歩5分 Pあり(3台)

↑店内には訪れた著名人のサインがたくさん

伊勢じまん 730円
田舎あられを伊勢うどんに入れて食べる伊勢じまんはこの店の名物

中むら
なかむら

外宮周辺 **MAP** 付録P.10A-3

5時間かけてだしをとる
極上のタレを絡めながら

外宮近くで大正5年(1916)の創業以来、地元から愛されてきた名店。だしは煮干しをベースにカツオ節や昆布をブレンドし、5時間かけて仕上げるこだわりよう。魚介の風味豊かな味わい。

☎0596-28-4472
所伊勢市本町12-14 営11:00〜14:45(LO) 休日曜、第2・4月曜 交JR／近鉄・伊勢市駅から徒歩8分 Pあり(7台)

↑店内は白をベースにした明るい雰囲気

伊勢たまごうどん 700円
卵の絡んだ麺とこだわりのタレがマッチする、この店の一番人気

ちとせ

宇治山田駅周辺 **MAP** 付録P.6 C-3

伊勢うどんの名を
全国発信した伝説の店

伊勢うどんが全国的に有名になったのは、この店のファンであったタレントの永六輔氏がラジオ番組で話したことがきっかけ。大正6年(1917)創業のこの店のうどんが原点である。

☎0596-28-3879
所伊勢市岩淵1-15-11 営11:00〜14:30 土・日曜は〜16:00(売り切れ次第終了) 休火・水曜 交近鉄・宇治山田駅から徒歩2分 Pあり(4台・有料)

山かけ伊勢うどん 760円
とろろが濃厚なタレをマイルドにしてくれて、しかもヘルシー。最近、女性に人気の伊勢うどん

↑まさに昭和の大衆食堂で懐かしい

個性派伊勢うどん

81

内宮の早朝参拝に便利な2つの宿

神々のお膝元にステイ

鳥たちのさえずりが響き、厳かな空気漂う朝の伊勢神宮。参拝前後の時間も大切にしてくれる宿やガイド付きツアーを行う宿から早朝の参拝へ向かいたい。

全室露天風呂付きで
伊勢参りをやさしく演出する

いにしえの宿 伊久

いにしえのやど いきゅう

内宮周辺 **MAP** 付録P.9E-3

窓越しの内宮の森に身も心も和む宿。部屋付き露天風呂や貸切風呂と2つの大浴場が、疲れた体を癒やしてくれるほか、月見台テラスで星空を眺めながら伊勢を堪能できる。月替わりの会席料理では松阪牛など、三重の味覚を楽しめる。

☎0596-20-3777
🏠伊勢市宇治館町岩井田山679-2 🚃JR／近鉄・伊勢市駅から三重交通バス・内宮前行きで20分、終点下車、徒歩15分（近鉄・五十鈴川駅から無料送迎あり、要予約）🅿あり（24台）in15:00 out11:00 🛏58室（全室禁煙）🈯1泊2食付2万7000円〜

1.部屋付きの露天風呂からは目の前に広がる内宮の森の眺望が楽しめる 2.内宮から徒歩15分ほどの場所に位置 3.檜や大理石などそれぞれ趣の異なる貸切風呂。利用状況はお風呂前の案内板で確認を 4.畳敷きの和室に和ベッドの広々とした客室 5.自然との一体感を楽しめる「森の湯」

EARLY MORNING VISIT
早朝参拝のお役立ち情報

● 早朝食とコーヒーをサービス
早朝参拝する宿泊客には、お祝いや祭りに振る舞われる伊勢の伝統食「かたばん」とコーヒーのサービスがあるのもうれしい。

● 大浴場・貸切風呂は夜通し利用可
貸切風呂は15:00〜翌11:00、清掃時間以外はいつでも利用できるので、早朝参りのお清めを兼ねて湯浴みできる。

伊勢神宮 内宮まで歩いて15分

内宮にほど近い宿ならではの
早朝参拝案内がありがたい

神宮会館

じんぐうかいかん

内宮周辺 **MAP** 付録P.9D-3

伊勢神宮の内宮まで徒歩5分と極めて近く、おはらい町にも気軽に行ける「参宮の宿」として知られる。職員による内宮の早朝参拝案内が実施されているのもうれしい。宿泊施設のほか会議室や講堂もあり、研修旅行や合宿などの利用者も多い。

☎0596-22-0001
🏠伊勢市宇治中之切町152 🚃JR／近鉄・伊勢市駅から三重交通バス・内宮前行きで20分、神宮会館前下車すぐ 🅿あり（200台）in15:00 out10:00 🛏52室（全室禁煙）🈯1泊2食付1万1550円〜

EARLY MORNING VISIT
早朝参拝のお役立ち情報

● 早朝参拝案内
チェックイン時に申し込めば、職員による無料の神宮参拝ガイドツアー(内宮)に参加できるので、ぜひ活用したい。（毎朝6時30分フロント出発、所要約1時間40分。悪天候などにより休止する場合あり）

伊勢神宮 内宮まで歩いて5分

1.本館の和室。洋室もある。本館はバス・トイレ付き。浴衣・ドライヤー・洗面用具など完備 2.神宮会館本館の外観。会館オリジナルの「いせ鈴」は参拝記念やおみやげにも人気 3.伊勢エビの具足煮が付いた彩り会席プラン

鳥羽

❖

真珠のように
輝く海原を
見渡す

海原に大小の島々が点在する景色と、
ジュゴンに出会える水族館など
海にゆかりのある豊富な
見どころが魅力。
絶景を楽しみながら志摩方面へと
向かうパールロードは
人気のドライブコースだ。

エリアと観光のポイント ❖
鳥羽はこんな街です

見どころは志摩半島の海沿いに点在。国崎と相差方面へは、
パールロードを途中で下りて向かおう。

多彩な施設が点在する玄関口
鳥羽駅周辺
とばえきしゅうへん

国内最大級を誇る鳥羽水族館や国内養殖真珠発祥地である
るミキモト真珠島をはじめ、レジャーからショッピング、
グルメまで揃うスポットが鳥羽駅〜中之郷駅間に集まる。

**観光の
ポイント** 鳥羽水族館 P.86 ミキモト真珠島 P.90

パールロードでドライブに出発
本浦
もとうら

麻生の浦大橋から始まる人気のドライブウェイ、パール
ロード。美しいリアス海岸が織りなす爽快な景観に加えて、
点在するカキ養殖場で「浦村かき」も堪能できる。

**観光の
ポイント** 麻生の浦大橋 P.92 鳥羽市立 海の博物館 P.92

絶景展望台と由緒ある漁師町
国崎
くざき

パールロード沿いの鳥羽展望台は、海抜163mの高台か
ら水平線を望む絶景スポット。海女漁や熨斗鮑の伝統が
残る志摩半島最東端の街、国崎にも立ち寄りたい。

**観光の
ポイント** 鳥羽展望台 P.93

海女ゆかりの見どころが豊富
相差
おうさつ

女性の味方として知られるパワースポット・石神さん（神
明神社）や、海女文化を色濃く残すスポットが多数。現役
海女のいる相差ならではの海女小屋体験も見逃せない。

**観光の
ポイント** 石神さん（神明神社）P.96 海女小屋はちまんかまど P.99

鳥羽駅周辺

イルカ島
答志島
伊勢松阪駅
伊勢二見鳥羽ライン
鳥羽駅
坂手島
★ミキモト真珠島
中之郷駅 ★鳥羽水族館
志摩赤崎駅
伊勢志摩スカイライン
池の浦駅
松阪市駅
▲行者山
船津駅
丸山
▲
彦瀧さん
(彦瀧大明神)
加茂駅
鳥羽南・白木IC
松尾駅
白木駅
卍青峯山正福寺
五知駅 青峰山
香掛駅
志摩市
鵜方駅、賢島駅
上之郷駅

伊勢湾
大築海島 小築海島
神島
浮島 牛島 答志島
日向島 坂手島 菅島
鳥羽駅 菅島

卍加布良古さん(伊射波神社)

太平洋

大村島
上ノ島
麻倉島 石鏡島
★鳥羽市立海の博物館
麻生の浦大橋 ★ ★パールロード

本浦

鳥羽市

国崎

鳥羽展望台 ★

鎧崎灯台 ★

浅間山
▲

相差

海女小屋はちまんかまど R
卍石神さん(神明神社)

★菅崎園地
(春雨展望台)

的矢湾

船に乗って、離島への旅

鳥羽湾に浮かぶ島々へ、鳥羽マリンターミナル(P.101)から離島行きの市営定期船が出航している。最も遠い神島まででも40分弱で到着でき、気軽に島めぐりを楽しめる。海とともに生活を営む、昔からの文化が残された島で、そのノスタルジックな風景に心癒やされたい。
鳥羽市営定期船
☎0599-25-4776
(鳥羽市定期船課)

答志島 とうしじま
鳥羽最大の島で、九鬼嘉隆の首塚・胴塚などゆかりの史跡がある。
MAP 付録P.3 E-2

↑答志島では史跡や漁港を巡るウォーキングツアーが人気

菅島 すがしま
海女が多く、海女の神事「しろんご祭り」(毎年7月11日)で有名。
MAP 付録P.3 F-2

神島 かみしま
最も遠く、三島由紀夫の『潮騒』の舞台になった島として知られる。
MAP 本書P.3 F-1

交通information

鳥羽の移動手段

JRまたは近鉄の鳥羽駅が玄関口。エリアの大半は電車が通らないため、鳥羽駅か鳥羽バスターミナルを起点に運行する「かもめバス」を利用しよう。車でパールロードをドライブしながら各スポットをまわるのもおすすめ。

周辺エリアとのアクセス

鉄道
JR/近鉄・松阪駅
快速みえで20分　近鉄特急で12分
JR/近鉄・伊勢市駅
快速みえで14分　近鉄特急で15分
JR/近鉄・鳥羽駅
近鉄特急で25分
近鉄・鵜方駅
近鉄特急で5分
近鉄・賢島駅

車
松阪IC
伊勢自動車道経由 36km
伊勢IC
伊勢二見鳥羽ライン経由 13km
鳥羽
国道167号経由 22km
鵜方
国道167号経由 3km
賢島

問い合わせ先

観光案内
鳥羽市観光案内所　☎0599-25-2844
鳥羽市観光協会　　☎0599-25-3019
鳥羽市観光課　　　☎0599-25-1157
相差町内会　　　　☎0599-21-6660

交通
鳥羽市定期船課(かもめバス、鳥羽市営定期船)
　　　　　　　　　☎0599-25-4776
トヨタレンタカー
(鳥羽駅前店)　　　☎0599-26-7100

鳥羽はこんな街です

85

観光のポイント

日本で唯一、ジュゴンに会える
のはここだけ

約1200種類の海や川の生きも
のたちに会える

間近でふれあえるセイウチふれ
あいタイムは必見

飼育種類数は日本一！
水辺の生きものの楽園

鳥羽水族館
とばすいぞくかん

ここでしか会えないジュゴンをはじめ、
工夫された飼育展示環境で魅力あふれる姿を
見せてくれるさまざまな生きものたちに出会う。

↑ 人気のスナメリは、
スピード感あふれる
美しい泳ぎが魅力

かわいい生きもの勢揃い
必見のショーは
コチラ ……………→

アシカショー

ジャンプや輪くぐり
など、元気でゆかい
なアシカたちが、多
彩で素晴らしいパフ
ォーマンスを繰り広
げる人気のショー。
場所 パフォーマンスス
タジアム
開催 11:30～、13:00～、
15:30～
所要 約15分

小道具も器用に使いこな
す、愛嬌あふれる演技

セイウチふれあいタイム

セイウチの大きな体やヒゲを
さわって、セイウチの生態に
ついて学べるふれあいタイム
は絶対見逃せない。

場所 水の回廊
開催 11:00～、
14:00～
所要 約15分

生態につい
ての解説と
ともに繰り
出される得
意芸は必見

↑ JR・近鉄鳥羽駅から徒歩10分、主要道路沿いにあり好立地（上）、伊勢湾と熊野灘を中心に、日本の海の生きものが見られるゾーン「伊勢志摩の海・日本の海」（下）

海の広さ、豊かさ、不思議を体感できる 巨大なアクアリウム

　鳥羽エリアを代表する観光スポット鳥羽水族館、通称「とばすい」は日本一の飼育種類数を誇り、人魚のモデルとなった「ジュゴン」を日本で唯一飼育する大型水族館。12のゾーンに分かれた館内では、さまざまな海や川の生きものたちに出会える。また、オリジナリティあふれるパフォーマンスショーをはじめ、季節ごとに開催されるイベントも多く、何度訪れても楽しめる。

鳥羽駅周辺 **MAP** 付録P.12 C-4
☎0599-25-2555 ⊕鳥羽市鳥羽3-3-6 ⊕9:30～17:00 ※時期により変動あり ⊛無休 ⊕2800円、小・中学生1600円、幼児800円 ⊗JR／近鉄・鳥羽駅から徒歩10分 ⊕あり（800円）

⊕コーラルリーフ・ダイビングのコーナーではサンゴ礁で暮らす生きものたちがお出迎え

⊕大きなクジラの模型が雄大に泳ぐエントランスは、まるで海の中のよう

⊕鳥羽水族館を代表する人気者。メスのジュゴンで、名前はセレナ

↑ 世界最大のダンゴムシといわれる、ダイオウグソクムシ

鳥羽水族館

ペンギン散歩

かわいらしいペンギンたちが目の前を行進する。手が届くほどの距離と、愛らしい姿に癒やされること間違いなし。
場所 水の回廊
開催 12:00～
所要 約10分

よちよち歩くフンボルトペンギンたちがかわいい

動物たちのお食事タイム

器用にエサを食べるラッコや、大迫力のダイビングを見せるトド、かわいらしいアザラシの食事シーンを間近で観察できる。
場所 極地の海、海獣の王国
開催 9:40～（極地の海）、10:30～（海獣の王国）、13:00～（極地の海）、15:00～（海獣の王国）、16:20～（極地の海）
所要 エサがなくなり次第終了

日常の1コマを垣間見ることができるのもお食事タイムならでは

見たい生きものはココにいます!

水の楽園の
12ゾーンを歩く

テーマごとにわかりやすく分かれた
各ゾーンを好みの順番で見学しよう。

▋パフォーマンススタジアム 2·3F

ゆかいなショーは必見!

人間と生きもののコミュニ
ケーションをテーマに、ア
シカたちの多彩な演技が観
賞できるスタジアム。
ゾーンにいる生きもの アシカ

▋コーラルリーフ・ダイビング 2F

ダイビング気分を堪能

美しいサンゴ礁が広がる
海の中を、さまざまな魚
たちと泳いでいる気分に
なれるゾーン。

ゾーンにいる生きもの ヨスジフエダイ **A**、ハタ
タテダイ **B**、クマノミ、ウミガメ、サンゴなど

▋古代の海 2F
こだいのうみ

太古の地球を体感

「生きている化石」といわれ
るオウムガイやカブトガニ
を間近に見られる。
ゾーンにいる生きもの オウムガイ
の仲間 **C**、カブトガニ、サメの仲
間など

▋海獣の王国 1·2·3F
かいじゅうのおうこく

大自然を再現したゾーン

チリの海岸を再現。水上透明
チューブに足を踏み入れると、
すぐ足元でダイナミックな泳
ぎが見られる。
ゾーンにいる生きもの トド **D**、
カリフォルニアアシカ **E**、ハイ
イロアザラシなど

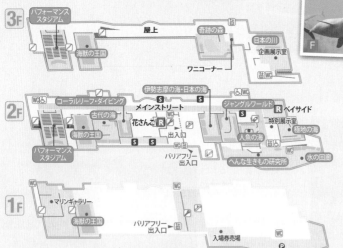

3F
パフォーマンススタジアム／屋上／奇跡の森／日本の川／企画展示室／海獣の王国／ワニコーナー

2F
コーラルリーフ・ダイビング／伊勢志摩の海・日本の海／メインストリート／ジャングルワールド／ベイサイド／古代の海／花さんご／特別展示室／海獣の王国／出入口／人魚の海／極地の海／パフォーマンススタジアム／バリアフリー出入口／へんな生きもの研究所／水の回廊

1F
マリンギャラリー／海獣の王国／バリアフリー出入口／入場券売場

▋伊勢志摩の海・日本の海 2F
いせしまのうみ・にほんのうみ

大型回遊魚が自由に泳ぐ

黒潮のぶつかる熊野灘と、波
静かな伊勢湾を中心に、さま
ざまな生きものを紹介する。
ゾーンにいる生きもの スナメリ **F**、
ハタ、フグ、タカアシガニ、ウツボ、
イセエビなど

人魚の海 2F
にんぎょのうみ

ここでしか見られない姿

人魚伝説のモデルとして親しまれるジュゴンは、国際保護動物に指定されており、日本で唯一飼育展示されている。
ゾーンにいる生きもの ジュゴン

へんな生きもの研究所 2F
へんないきものけんきゅうじょ

生物の不思議を体験

ダイオウグソクムシやイヌガエルなど、不思議な生きものがいっぱい。
ゾーンにいる生きもの ダイオウグソクムシ、イヌガエル、フィロソーマ（イセエビの幼生）など

水の回廊 2F
みずのかいろう

ゆかいな生きものに大接近

ペンギンなど地球の歴史に合わせ、進化・適応してきた生きものたちを飼育展示する。
ゾーンにいる生きもの フンボルトペンギン G、セイウチ、コツメカワウソ H など

極地の海 2F
きょくちのうみ

ライフスタイルに注目

厳しい極寒の海に生きるラッコやイルカたちの、ライフスタイルを観察できるゾーン。
ゾーンにいる生きもの バイカルアザラシ I、イロワケイルカ、ラッコ J など

ジャングルワールド 2F

まさにジャングル！

ジャングルに棲む生きものの暮らしを、ダイナミックに再現。
ゾーンにいる生きもの アフリカマナティー、カピバラ、ピラニア、デンキウナギなど

日本の川 3F
にほんのかわ

美しい川の情景

古き良き日本の川の素晴らしさを、再確認できるゾーン。
ゾーンにいる生きもの マスの仲間、水生昆虫の仲間、カワムツ、メダカなど

奇跡の森 3F
きせきのもり

体験型のゾーン

珍しい両生類、爬虫類などを数多く飼育展示する、探検気分が味わえるゾーン。
ゾーンにいる生きもの スナドリネコ K、ヤドクガエル、ドクターフィッシュなど

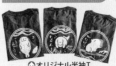

水の楽園の12ゾーンを歩く

グルメスポット

花さんご 2F
はなさんご

エントランスの大水槽を眺められる、落ち着いた雰囲気のレストラン。

◎人気の「ローストビーフランチ」1380円

◎「メイちゃんのカレー」1280円

ベイサイド 2F

眼下に鳥羽湾が広がり、開放感あふれるカフェテリアタイプのレストラン。

◎名物「伊勢うどん」700円

おみやげをチェック

◎めぐる旅Book 890円

◎オリジナル半袖Tシャツ（絵柄3種類）各2420円〜

◎もちもちじゅごん 5200円（特大）、2600円（大）

89

世界の女性を魅了する
MIKIMOTO 発祥の地
ミキモト真珠島
ミキモトしんじゅしま

↑縁結び・長寿・繁栄などにご利益があるといわれる珠の宮（左）
さまざまな真珠製品が豊富に揃うパールプラザ（右）

鳥羽 ● 歩く・観る

真珠王・御木本幸吉による
養殖真珠発祥の聖地で、
真珠の魅力にふれてみたい。

美しい真珠の誕生秘話をはじめ真珠養殖のすべてがわかる

御木本幸吉が世界で初めて真珠の養殖を成功させた島であり、現在は真珠博物館をはじめ御木本幸吉記念館、真珠を販売するパールプラザなど、鳥羽の観光スポットとしても名高い。ぐるりと巡れば真珠のすべてを知ることができ、この島にまつわるパワースポットにも立ち寄れる。

鳥羽駅周辺 **MAP** 付録P.12 C-3

☎0599-25-2028 **所**鳥羽市鳥羽1-7-1 **時**9:00～17:00（季節により異なる）**休**12月第2火曜から3日間 **料**1650円、小・中学生820円 **交**JR／近鉄・鳥羽駅から徒歩5分 **P**あり（120台・有料）

真珠王・御木本幸吉

鳥羽のうどん屋「阿波幸」の長男として生まれ13歳から商売を経験。伊勢志摩の名産である真珠に着目し、真珠貝の養殖、さらに真珠そのものの養殖へと研究を重ね、試行錯誤の末、半円・真円の真珠養殖に成功。日本の真珠産業を築き上げた。

真珠博物館
しんじゅはくぶつかん

美術品の展示のほか、各分野から真珠と人との関わり方を紹介

↑養殖真珠誕生85周年を記念して作られた、気品高いパールクラウンⅠ世

御木本幸吉記念館
みきもとこうきちきねんかん

誕生から96歳で生涯を終えるまでの、人生と業績を展示紹介

ラブラブの石
ラブラブのいし

ハート形の縁石を見つけると恋人や夫婦円満にご利益が

海女の実演
あまのじつえん

白い磯着を着た海女が次々と潜り、貝を採る様子が見られる

おみやげをチェック

↑左から時計回りにネックレス53万円、ピアス7万3000円、ペンダント1万6500円、ブローチ2万6800円。すべて真珠島オリジナルパールジュエリー

潮騒に包まれてイルカの待つ島へ

青い空と海、美しい緑の島々。趣向を凝らした遊覧船に乗って、
イルカ島や真珠の故郷を訪ねたい。

鳥羽湾めぐりとイルカ島

とばわんめぐりとイルカじま

MAP 付録P.12 C-2

穏やかな湾内をのんびりまわる
愛らしいイルカに出会える船旅へ

　鳥羽湾の名勝・三ツ島をはじめとしたエリアを約50分で遊覧する。途中寄港するイルカ島に立ち寄る場合は、散策時間を考慮して乗船時間を決めたい。

☎0599-25-3145(志摩マリンレジャー鳥羽営業所)
所鳥羽市鳥羽1-2383-51(鳥羽マリンターミナル)
営9:30〜15:30(季節、曜日により変動あり)
イルカ島9:45〜15:45
休1月中旬〜2月上旬
料2300円　交JR／近鉄・鳥羽駅から徒歩9分の鳥羽マリンターミナル、真珠島・水族館前から出航
Pあり、佐田浜駐車場(有料)利用

⬆ポップなイラストがかわいい遊覧船

> **注目ポイント**

イルカに会えるイルカ島

志摩マリンレジャーの遊覧船なら、360度を海に囲まれたイルカ島に自由に入園して散策が可能。園内ではトレーナーがイルカやアシカ、カワウソの生態や行動を楽しく紹介するほか、有料リフトに乗って向かう展望広場も必見。

⬆イルカを間近で見学できる

⬇幸せを運ぶピンクのイルカのモニュメント

快適クルージング 鳥羽湾めぐりの航路

※最終便では、イルカ島に入園することができないため注意

1 鳥羽マリンターミナル
外観は真珠の首飾りがモチーフ。展望デッキやカフェがある。

15分

2 イルカ島(下船自由)
自然散策を楽しんだ後は、イルカにも会いに行こう。

25分

3 真珠島・水族館前のりば
ミキモト真珠島と鳥羽水族館が徒歩圏内で移動できる。

10分

4 鳥羽マリンターミナル

大海原を見渡すドライブで絶景を眺め、海女の街を巡る

パールロード

鳥羽から志摩へと続く全線無料のドライブウェイ。
美しい海岸線と雄大な山並みを駆け抜けて、
漁師町ならではの食や文化にふれよう。

鳥羽駅 R 鳥羽マルシェ
坂手島
START&GOAL
P.97 加布良古さん
（伊射波神社）
カフェあらみ C
鳥羽市立 海の博物館 2
3 鳥羽白浜海水浴場
H TAOYA志摩 P.10
共栄物産 与吉屋 R
P.95
丸善水産 R
P.95
P.94 海の駅 黒潮
パールロード店 S
黒潮ダイニング R
パールロード店
P.102
麻生の浦大橋 1
鳥羽展望台 海女のテラス C
鳥羽展望台 4
鎧崎灯台
P.94 神宮御料鰒調製所 6
7
P.94 海士潜女神社 5
鎧崎
パールロード
国崎漁港
面白展望台
白島
P.94
8 菅崎園地
（春雨展望台
菅崎
N
0 2km

鳥羽●歩く・観る

△昭和48年（1973）に竣工した全長196mのアーチ橋

1 麻生の浦大橋
おうのうらおおはし

本浦 **MAP** 付録P.13 D-2

青い海に映える純白のアーチ

生浦湾をまたぎ、パールロードの今浦と本浦を結ぶ。鳥羽十景のひとつに数えられ、橋の上から麻倉島と大村島が見える。
☎0599-25-1157（鳥羽市観光商工課）　🏠鳥羽市浦村町　🚉JR／近鉄・鳥羽駅から9km

2 鳥羽市立 海の博物館
とばしりつうみのはくぶつかん

本浦 **MAP** 付録P.13 E-1

6万点の資料を所蔵する博物館

海女や漁師、海に生きる人々が使ってきた、海と関わる民俗資料を所蔵し、展示する博物館。約80隻の木造船は特に見逃せない展示だ。
☎0599-32-6006　🏠鳥羽市浦村町大吉1731-68　🕙9:00～16:30（季節により異なる）
🗓6・12月不定休　💰800円　🚉JR／近鉄・鳥羽駅から13km　🅿あり（50台）
△建築分野からも高い評価を得る木造の展示棟

△ユニークな展示方法で海の歴史や文化を伝える
△約80隻の木造船や船大工道具を展示する船の棟

△職人技で精巧に手作りされる等身大模型は迫力満点

カフェあらみ

鳥羽市立 海の博物館に併設されるカフェでは、地元の海藻を使った自家製スイーツや、カキを使ったカレーなどが味わえる。

本浦 **MAP** 付録P.13 E-1
☎0599-32-6006（鳥羽市立 海の博物館）
🕙10:00～16:00　🗓火曜

△檜や杉を使った落ち着いた店内
△地元産の天草を煮出して作る名物ところてん（ポン酢、黒蜜きなこの2種類、各350円）

3 鳥羽白浜海水浴場
とばしらはまかいすいよくじょう

本浦 **MAP** 付録P.13 F-1

遠浅な海と白砂の浜辺

穏やかな波で水の透明度も高く、美しい砂浜は家族連れに最適。バナナボートやジェットスキーなどのマリンスポーツも楽しめる。

☎0599-32-5177(ポセイドン) 鳥羽市浦村町 JR／近鉄・鳥羽駅から13km Pあり(有料)

⬆細かく白い砂の砂浜が1kmにわたって続いている

4 鳥羽展望台
とばてんぼうだい

国崎 **MAP** 付録P.13 F-2

海抜163mの絶景スポット!

どこまでも続く美しい太平洋やリアス海岸を望める絶景と、ご当地グルメやスイーツが楽しめるカフェ・ショップなどを有する人気ドライブスポット。

☎0599-33-6201 鳥羽市国崎町大岳3-3 9:30～16:30 水曜 無料 JR／近鉄・鳥羽駅から17km Pあり(250台)

⬆ストリートピアノも設置

⬆真珠モチーフのおみやげなど人気商品が揃う売店

⬇鳥羽と志摩を結ぶ、全長23.8kmの美景ドライブウェイを一望

| グルメスポット |

鳥羽展望台 海女のテラス
とばてんぼうだい あまのてらす

地元食材を使用した料理やスイーツを景色とともに堪能できる。

国崎 **MAP** 付録P.13 F-2

☎0599-33-6201(鳥羽展望台) 9:30～16:30(LO16:00) 水曜

⬆限定スイーツを海を見ながら味わえる

⬆鳥羽一郎と山川豊の功績を称えた『兄弟酒』歌碑

| グルメスポット |

鳥羽マルシェ
とばマルシェ

地元の生産者と直結した産直市場で、採れたての海産物や農作物が揃う。食材を販売する直売所コーナーのほか、ランチタイムに営業するレストランも併設している。

鳥羽駅周辺 **MAP** 付録P.12 C-2

☎0599-21-1080 鳥羽市鳥羽1-2383-42 10:00～18:00、レストラン11:00～13:30(LO) 水曜 JR／近鉄・鳥羽駅から徒歩3分 Pなし(佐田浜第1駐車場利用、1時間無料)

⬆直売所には朝採れの野菜や加工食品など、おみやげにしたい商品が豊富に揃う

⬆大きな窓からの眺望も楽しめるレストラン

⬇地元産の農水産物が味わえるビュッフェレストラン。てこね寿司やカルパッチョがおすすめ。大人1800円

| 所要◆約6時間 |
おすすめドライブルート

複雑な海岸線と海、山並みが続く展望ロードを走り、カキ養殖が盛んな漁港の町へ。鳥羽展望台で地球の丸みを実感し、海女ゆかりの国崎エリアに立ち寄ったら、菅崎園地でリアス海岸の向こうへ沈む夕日を眺めたい。

鳥羽駅
とばえき

⬇ 国道167号、県道750号
10km・16分

1 麻生の浦大橋
おうのうらおおはし

⬇ 県道750・128号
4km・6分

2 鳥羽市立 海の博物館
とばしりつうみのはくぶつかん

⬇ 県道128号
0.6km・2分

3 鳥羽白浜海水浴場
とばしらはまかいすいよくじょう

⬇ 県道128号
4km・5分

4 鳥羽展望台
とばてんぼうだい

⬇ 県道128号 3km・8分
(パールロードから鎧崎方面へ)

5 海士潜女神社
あまかづきめじんじゃ

⬇ 0.5km・徒歩5分
※伊勢神宮鰒調製所、鎧埼灯台には駐車場がないので、海士潜女神社の駐車場に停めたまま徒歩で移動しよう

6 神宮御料鰒調製所
じんぐうごりょうあわびちょうせいしょ

⬇ 徒歩すぐ

7 鎧埼灯台
よろいざきとうだい

⬇ 国道331号
6km・27分

8 菅崎園地(春雨展望台)
すげさきえんち(はるさめてんぼうだい)

⬇ 県道750・47号、国道167号
18km・37分

鳥羽駅
とばえき

パールロード

93

5 海士潜女神社
あまかづきめじんじゃ

国崎 **MAP** 付録P.3 F-4

潜水のめまい除けにご利益

伊勢神宮に初めてアワビを献上した伝説の海女・お弁が祀られており、現在も地元の海女たちの篤い信仰を受け続けている。

☎0599-25-1157(鳥羽市観光商工課)
🏠鳥羽市国崎町312 時休料参拝自由
🚃JR／近鉄・鳥羽駅から20km Pあり(3台)

→海と水に関するあらゆることにご利益があるとされ、ダイバーなども参拝に訪れる

国崎の海女漁と熨斗鮑

豊かな漁場を有し、古来海女漁で賑わう国崎。かつてこの地を訪れた倭姫命が、海女から差し出されたアワビのおいしさに感激し、伊勢神宮への献上を命じた伝説が、アワビを薄くいで伸ばして干した「熨斗鮑」作りとして継承されている。

鳥羽●歩く・観る

7 鎧埼灯台
よろいざきとうだい

国崎 **MAP** 付録P.3 F-4

海の難所で海女と漁師を見守る

志摩半島最東端に位置し、伊勢湾の3大難所のひとつとして昔から恐れられてきた鎧埼に建つ、白亜八角形の小型灯台。

☎0599-25-2844(鳥羽市観光案内所)
🏠鳥羽市国崎町254-2
時休料見学自由
🚃JR／近鉄・鳥羽駅から20km Pなし

海の駅 黒潮 パールロード店
うみのえき くろしお パールロードてん

地元の新鮮な食材が揃う海鮮市場。ダイニング(P.102)では「てんこもり海鮮丼」が名物。

本浦 **MAP** 付録P.13 D-1

☎0599-32-5352
🏠鳥羽市浦村町7-1
時8:30～17:00(曜日により異なる)
休無休 🚃JR／近鉄・鳥羽駅から12km
Pあり(40台)

↑全国の市場から新鮮な食材が直送される海鮮市場

---

6 神宮御料鰒調製所
じんぐうごりょうあわびちょうせいしょ

国崎 **MAP** 付録P.3 F-4

2000年続く神事を受け継ぐ地

伊勢神宮へ奉納するのし鮑を作る場所。毎年6・10・12月に納められ、市の無形民俗文化財に指定されている。

☎0596-24-1111(神宮司庁)
🏠鳥羽市国崎町 時休拝観自由
🚃JR／近鉄・鳥羽駅から20km Pなし

↷のし鮑作りは毎年6～8月に行われ、一回に使われる鮑は約200kgほどになる

↑昭和38年(1963)竣工。灯台内には入れないが、海岸線の眺めが素晴らしい

↷岩にぶつかる波がしぶきをあげ、うず巻くさまは壮観

とことわ(常永久)の鐘を鳴らしたカップルは、愛が永久に続くという

↑高さ4.5mの展望台は、海抜30mに位置する

↷明治時代に座礁した駆逐艦春雨の慰霊塔が立つ

---

8 菅崎園地(春雨展望台)
すげさきえんち(はるさめてんぼうだい)

相差 **MAP** 付録P.5 F-1

見晴らし抜群の絶景夕日スポット

的矢湾に面しており、太平洋から昇る朝日やリアス海岸に沈む美しい夕日など、雄大な景色を望むことができる。

☎0599-25-1157(鳥羽市観光商工課)
🏠鳥羽市相差町29-3
時休料見学自由 🚃JR／近鉄・鳥羽駅から20km
Pあり(6台)

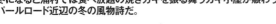

パールロード沿いで冬の名物グルメを味わう!

浦村かきを心ゆくまで

冬になると浦村では食べ放題の焼きガキを振る舞うカキ小屋が賑わう。
パールロード近辺の冬の風物詩だ。

潮の香りに包まれる海上屋形で絶品の焼きガキを食べ放題

焼きガキの
シーズン
11〜5月

丸善水産
まるぜんすいさん

本浦 **MAP** 付録P.13 E-1

旨みの強い、新鮮な焼きガキを鳥羽湾の海上で思う存分堪能できる。海上で遠赤外線コンロを囲む抜群のロケーションは、海外観光客にも人気。浦村かきを使ったとばーがーも見逃せない。

☎0599-32-5808
🏠鳥羽市浦村町1229-67 牡蠣横丁
🕐11:00〜12:20 12:40〜14:00 土・日曜、祝日10:50〜12:10 12:30〜13:50 14:10〜15:30(入替制、要予約) 休不定休 交JR／近鉄・鳥羽駅から12km P あり(20台)

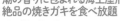

1.遠赤外線コンロを囲むので海上でも暖かく、潮の香りが食欲をそそる 2.獲れたてのカキを楽しみたい 3.豊富なプランクトンで育ったカキは濃厚 4.火を通すと感じる独特の苦みもほとんどなく、素材の味をしっかり楽しめるカキフライ丼

焼きガキの
シーズン
11〜3月

豪快に焼き上げたあつあつジューシーなカキ

共栄物産 与吉屋
きょうえいぶっさん よきちや

本浦 **MAP** 付録P.13 E-2

養殖場で水揚げされたばかりの新鮮な浦村かきを食べ放題で存分に味わえる人気店。順次運ばれてくる絶妙な焼き加減のカキを、気軽に楽しめる。

☎0599-32-5520
🏠鳥羽市浦村町1414-15 🕐11:00〜14:00 土・日曜、祝日 11:00〜15:00(要予約) 休火曜 交JR／近鉄・鳥羽駅から11km P あり(25台)

1.かきめし、かき味噌汁付き大人3200円、子ども(4〜12歳)1600円 2.おみやげにおすすめのかきしぐれ180g 1100円。大ぶりのカキを自宅で味わえるのがうれしい 3.山の上から見下ろす生浦湾は絶景 4.広い店内は大人数にも対応。レジ前にはおみやげコーナーも

パールロード／浦村かきを心ゆくまで

女性の願いをひとつ叶える海女信仰の神様

石神さん（神明神社）

いしがみさん（しんめいじんじゃ）

相差の海女が安全大漁を祈願した鳥羽三女神の一柱は、
女性の参拝客が絶えない有名パワースポットだ。

神明神社26社のひとつ
一願成就を祈願したい

　神武天皇の母である玉依姫 命 が
ご祭神。地元の海女が昔から魔除け
として使っている印「ドーマン・セー
マン」のデザインのお守りが授与され
ており、開運グッズとして人気が高
い。女性の願いなら必ずひとつ叶う
神社として知られ、全国から参拝客
が集まり、著名人の参拝も多い。

相差 **MAP** 付録P.13 E-3

☎0599-33-7453（石神奉賛会）
所鳥羽市相差町1385　開休料参拝自由
交JR／近鉄・鳥羽駅からかもめバス・国崎行き
で40分、相差下車、徒歩5分
Pなし（相差海女文化資料館駐車場などを利用）

↑賽銭箱の隣に祈願用紙を入れる願い箱がある

願い事が叶う 石神さん参拝方法

**1 筆記用具と
用紙のある台へ**

まずは手水舎で手を
清めてから、筆記用
具とピンクの祈願用
紙（無料）が置かれた
記入台へ向かおう。

**2 願い事を
祈願用紙に書く**

祈願用紙を自由に取
り、願い事をひとつ
だけ書き入れる。

**3 鈴を鳴らし、
用紙を願い箱へ**

ご神体の前で鈴を鳴
らしてから、折り畳
んだ用紙を願い箱に
入れる。

**4 心を込めて
成就を祈願する**

二礼二拍手一礼して
からお願いしよう。

※石神さん参拝は、神明神社本殿のあとにすること

観光のポイント

完売することもあるほど大人気
の手作りお守りを手に入れたい

願い事はひとつのみ！祈願用紙
にはていねいに書き込もう

神明神社 本殿
しんめいじんじゃ ほんでん
境内最奥の本殿には、天照大神が主祭神として祀られている

三吉稲荷大明神
さんきちいなりだいみょうじん
石の鳥居をくぐって最初にある稲荷神。倉稲魂命(うかのみたまのみこと)が祭神

開運グッズをチェック

良縁成就にもご利益のあるお守りは、カップルがペアで持つと◎

↪石神さんお守り1000円。海女の磯着に見立てた麻布に、格子状の「ドーマン」、星形の「セーマン」という魔除けのまじないが描かれている

↪石神さんストラップお守り1100円。お守りと同じ麻布の袋に、アコヤ貝の本真珠が付けられている携帯ストラップ

↪祈願用紙は郵送でも祈祷してもらえる。遠方の家族や友人へのおみやげに、お守りと併せて渡すのもいい

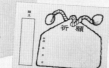

「鳥羽の三女神」をご利益めぐり
3カ所まわれば運気上昇! 開運・縁結び・安産の女神様

女の神様を祀る3つの神社。すべてまわることでより強力なご利益が得られるので、時間に余裕のある人はぜひチャレンジしたい。また、鳥羽1番街(P.100)でも願い事を受け付けて、各神社に届けてくれる。

↪鳥羽1番街2階の鳥羽三女神「お願いごと代理受付所」

加布良古さん(伊射波神社)
かぶらこさん(いさわじんじゃ)
安楽島町 **MAP** 付録P.3 E-3

加布良古岬に建ち、創建は1500年以上前という志摩国の一ノ宮。「かぶらこさん」の愛称で親しまれ、縁結びのご利益がある。

☎0599-25-4354 ⊕鳥羽市安楽島町1020(神社)/鳥羽市安楽町844-4(駐車場※神社までは徒歩30分) 働休働参拝自由 ⊗JR／近鉄・鳥羽駅からかもめバス・安楽島行きで17分、終点下車、徒歩30分 ℗あり(4台)

↑普段は無人のため、御朱印をいただく場合は電話での事前予約が必要

↪大浜海岸にそびえる一の鳥居から社殿までは急階段や山道が続く

彦瀧さん(彦瀧大明神)
ひこたきさん(ひこたきだいみょうじん)
河内町 **MAP** 付録P.3 E-3

ご神体は白蛇で、女性特有の病気治癒や安産の神様として知られている。境内には滝があり、マイナスイオンに満ちている。

☎0599-25-2844(鳥羽市観光案内所) ⊕鳥羽市河内町 働休働参拝自由 ⊗鳥羽バスセンターからかもめバス・国崎行きで12分、杉ヶ瀬下車、徒歩30分 ℗あり

↑のどかな田園風景を進むと鳥居が見える。歩きやすい服装で訪れたい

↪川に大きな注連縄が掛かる。清流でお清めをしてから参拝する

➡毎年7月14日に
開催するくじら祭
りの神輿

海女の歴史と文化が息づく街へ

相差
おうさつ

多くの現役海女が暮らし、今なお色濃く残る海女文化の魅力に出会う。

鳥羽市街から車で30分ほど日本一多くの海女が暮らす街

　全国的に海女漁が盛んな鳥羽市のなかでも、最も多く海女が暮らす海沿いの街。現役海女が経営する宿や海女小屋を再現した店なども多く、昔ながらの素もぐり漁で獲った新鮮な海の幸を楽しみに訪れたい。神明神社の石神さんは女性の願いを叶えるパワースポットとしても人気。

↩夏は海水浴客で賑わう鳥羽十景の名所・千鳥ヶ浜

相差 海女の家 五左屋

おうさつ あまのいえ ござや

MAP 付録P.13 E-3

築約90年の古民家を改装したみやげ物店

石神さんへの参道にあるみやげ処＆カフェ。鳥羽・相差の特産品や海女モチーフのオリジナル雑貨を販売し、隣接する姉妹店では自家製ところてんなどが味わえる。海女の磯着の試着体験もできる。

☎0599-33-6710
所鳥羽市相差町1406　時9:00～17:00
休無休　交JR／近鉄・鳥羽駅からかもめバス・相差下車、徒歩4分（相差海女文化資料館駐車場などを利用）Pなし

↩海女が磯着に付ける魔除けの印「ドーマン・セーマン」のオリジナルグッズなどが人気

↩店内には昭和初期当時の台所や土間なども現存する

↩梁を利用し、ロフト風に改装された休憩スペース

↩ドーマン・セーマン模様のガーゼハンカチ400円

↩海女が使う石錨をモチーフにした香り石1870円

↩京都・松栄堂とのコラボ商品、叶え香1100円も人気

↩2階から見下ろす座敷席。休憩所としてもくつろげるほか、磯着体験もここでできる

相差海女文化資料館
おうさつあまぶんかしりょうかん

MAP 付録P.13 E-4

実物大のジオラマが大迫力！
海女の街・相差の観光拠点

相差町の暮らしや海女の歴史と文化を紹介する無料の資料館。昔の海女の作業風景のジオラマや、道具や磯着なども展示する。散策MAPや各種案内もあり、相差町の観光拠点として訪れたい。

☎0599-33-7453
🏠鳥羽市相差町1238
🕐9:00～17:00 🈳無休 💰無料
🚃JR／近鉄・鳥羽駅からかもめバス・相差下車、徒歩3分 🅿あり(13台)

↪敷地内には、幹に手を当てて願えば叶うという「昇龍の松」がある

↪展示室にある海女のジオラマ。海女をテーマにした彫刻や絵画も展示

↪石神さんの参道付近にある資料館。観光案内所も併設する

海女小屋体験してみよう
相差ならではの海女のもてなしと海の幸が楽しめる！

漁に出る海女たちが休憩する海女小屋を再現し、現役海女の話を聞きながら、目の前で炭火焼する海の幸が楽しめる観光スポット。本物の海女文化を体験しよう。

海女小屋
はちまんかまど
あまごやはちまんかまど

MAP 付録P.13 D-4

ベテランの海女が出迎えてくれる海辺の海女小屋。獲れたての魚介を目の前で炭火焼にしてもらいながら、海女と気軽にお喋りして心ふれあう、非日常の体験に浸ることができる。

☎0599-33-1023 🏠鳥羽市相差町819 🕐10:00～16:00(LO15:30)※食事開始は11:45、13:15、14:45の3部制 🈳8月13～15日、ほか不定休 💰1名4500円～(要予約) 🚃JR／近鉄・鳥羽駅からかもめバス・畔蛸口下車、徒歩6分(送迎バスあり) 🅿あり(50台)

↪海女の潜る浦々を唄った歌に合わせて踊る相差音頭を披露。一緒に踊ってみたくなる

↪焼き貝に旬の干物、伊勢エビかアワビが付くセレブ気分コースは8500円

↪海女の顔出しパネルがあるほか、海女着の変身体験(300円、要予約)もできる

↪炭火焼の作業の様子を間近で見学しながら、獲り手の海女に話を聞かせてもらおう

相差かまど
おうさつかまど

MAP 付録P.13 E-4

漁港内にある海女小屋。現役の海女が旬の貝類や干物を炭火焼にしてくれる。別注の伊勢エビやアワビもぜひ味わいたい。

☎0599-33-7453 🏠鳥羽市相差町相差漁港内 🕐11:30～13:30、ティータイム14:00～、15:00～ 🈳無休 💰1名3850円～、ティータイム1名2200円 ※ランチ2名、ティータイム4名から受付、要予約 🚃JR／近鉄・鳥羽駅からかもめバス・相差下車、徒歩5分 🅿あり(10台)

↪活き伊勢エビは時価。炭火で焼いた餅入りの味噌汁もおいしい

↪海女の暮らしを話しながら、サザエやカキなどを豪快に焼いてくれる

↪リアルな雰囲気を味わえる磯辺の海女小屋

鳥羽の見どころ | 海に支えられた鳥羽をさまよう楽しみ

もっと鳥羽を知る

青峯山正福寺

あおのみねさんしょうふくじ

青峰山 **MAP** 付録P.3 E-4

海を守る霊峰

青峰山の山頂付近にあり、近隣ばかりでなく全国の漁師や船乗りの篤い信仰を受ける。真言宗の寺院で本尊の十一面観音はクジラに乗ってやってきたといわれている。

☎0599-55-0061 🏠鳥羽市松尾町519 🕐8:00～15:00頃 🈑無休 💰無料 🚉JR／近鉄・鳥羽駅から車で30分 🅿あり（150台）

⬆見事な彫刻が施された山門
写真提供：（公社）三重県観光連盟

⬆寺域には17の堂宇や建物が

讃岐金刀比羅宮鳥羽分社（樋の山）

さぬきことひらぐうとばぶんしゃ（ひのやま）

鳥羽駅周辺 **MAP** 付録P.12A-4

大漁旗で賑わう例大祭

讃岐金刀比羅宮の6分社のひとつで、昭和31年（1956）に創祀。漁業や海運に携わる人たちの信仰を集め、例大祭には海上渡御などの神事が行われる。春には桜が美しい。

☎0599-25-1157（鳥羽市観光商工課）🏠鳥羽市鳥羽2-12-20 🕐拝観自由 🚉JR／近鉄・鳥羽駅から車で7分 🅿あり（20台）

⬆樋の山の山頂付近に建ち、鳥羽湾の絶景が一望できる

江戸川乱歩館（鳥羽みなとまち文学館）

えどがわらんぽかん（とばみなとまちぶんがくかん）

鳥羽駅周辺 **MAP** 付録P.12 B-3

乱歩の愛用品を紹介

鳥羽出身の画家・風俗研究家である岩田準一の過ごした家を利用した資料館。氏の親友で、青年期の一時期を鳥羽で過ごした江戸川乱歩の資料を展示。

☎0599-26-3745 🏠鳥羽市鳥羽2-5-2 🕐10:00～15:00※訪れる前に鳥羽ガイドセンター☎0599-25-8255へ連絡を 🈑火・水曜 💰500円 🚉JR／近鉄・鳥羽駅から徒歩10分 🅿あり（4台）

⬆岩田準一の絵画作品や、その師である竹久夢二の資料なども公開

鳥羽1番街

とばいちばんがい

鳥羽駅周辺 **MAP** 付録P.12 C-2

鳥羽の名産名品が大集合

鳥羽駅向かいの複合施設。真珠をはじめ、赤福などの銘菓、伊勢エビなど海産物、それに地元グルメの店が集まる。

☎0599-26-3331 🏠鳥羽市鳥羽1-2383-13 🕐9:30～17:30（季節、曜日により異なる）🈑木曜不定休（祝日、繁忙期は営業）🚉JR／近鉄・鳥羽駅直結 🅿なし（佐田浜第1駐車場利用）

⬆バスターミナルにも隣接

⬆おみやげに手ごろな品が揃う

浦神社

うらじんじゃ

本浦 **MAP** 付録P.13 D-1

浦の権現さんはお乳の神様

女神・安曇別之命を祀り、高さ30mもの巨大な一枚岩が御神体。食糧不足のとき、参拝すると乳の出が良くなったと伝わるほか、「目薬の水」が湧く。

☎0599-25-1157（鳥羽市観光商工課）🏠鳥羽市浦村町今浦148 🕐拝観自由 🚉鳥羽バスセンターからかもめバス・石鏡港行きで28分、今浦下車すぐ 🅿あり

⬆境内の滝は絶えたことがない

⬆拝殿左の洞には、飲むと目の病に効くと伝わる「目薬の水」が湧いている

海を見下ろす山々の寺社に漁夫や海女の祈りを思い、城跡に残る石垣に水軍の大将の歴史を偲ぶ。
街なかの古民家には市井の人々が営々と築き上げた生活の喜びが見える。

梵潮寺

ぼんちょうじ

相差 **MAP** 付録P.13 E-3

樹齢700年余の長寿蘇鉄

後醍醐天皇の勅願により元弘
2年(1332)に創建された、臨
済宗南禅寺派の寺院。境内に
は、長寿蘇鉄と呼ばれる大き
なソテツがある。

↑度重なる火災で焼失、再建

☎0599-33-6101 所鳥羽市相差町
1241 時休料拝観自由 交鳥羽バスセ
ンターからかもめバス・国崎行きで40分、
相差下車、徒歩4分 Pなし(相差海女
文化資料館駐車場利用)

↑株をたくさんつけることから子
孫繁栄、延命長寿のソテツと人気

鳥羽城跡 城山公園

とばじょうあとしろやまこうえん

鳥羽駅周辺 **MAP** 付録P.12 C-3

九鬼水軍の本拠地

文禄3年(1594)に九鬼嘉隆が
築城。大手門が海に突き出し
ている珍しい構造で、水軍の
城として堂々たる姿を見せる。

鳥羽市観光商工課提供
←本丸周辺などには石垣
の一部が残されている

☎0599-25-1157(鳥羽市観光商
工課) 所鳥羽市鳥羽3-4 時休料
見学自由 交JR／近鉄・鳥羽駅
から徒歩10分 Pなし

常安寺

じょうあんじ

鳥羽駅周辺 **MAP** 付録P.12 A-3

鳥羽藩主・九鬼家の菩提寺

樋の山の麓にある曹洞宗永平
寺派の寺院。境内には九鬼に
関わる文化財が多くあり、嘉
隆が自害した短刀は寺宝。

↑子の守隆が父の菩提寺として、
それまであった大福寺を改め建立

☎0599-25-1157(鳥羽市観光商
工課) 所鳥羽市鳥羽2-12-3 時
休料拝観自由 交JR／近鉄・鳥
羽駅から徒歩15分 Pあり

鳥羽大庄屋かどや

とばおおじょうやかどや

鳥羽駅周辺 **MAP** 付録P.12 C-4

江戸から続く商家を公開

屋号を「かどや」という廣野家
は江戸末期から大正にかけて
薬屋を営んだ鳥羽の旧家。歴
史ある住宅を改修し、公開。

↑内部には明治中期のオルガンも

☎0599-25-8686 所鳥羽市鳥羽
4-3-24 時10:00～16:00
休火曜(祝日の場合は開館)
料無料 交近鉄・中之郷駅から徒
歩7分 Pあり(7台)

海島遊民くらぶ

かいとうゆうみんくらぶ

鳥羽周辺 **MAP** 付録P.12 C-3

漁師の島ランチツアーが人気

ガイドがナビゲートする答志
島ツアーが人気。路地を散策
したり、迫力ある声が飛び交
う市場を見学したりできる。

↑ガイドと一緒にツアーへ出発

☎0599-28-0001 所鳥羽市鳥羽1-4-53
時9:00～17:00(ツアーは1日2回、2名以上で
催行、前日までに要予約) 休8月13日～15日
料6500円(別途定期船代1100円が必要) 交
JR／近鉄・鳥羽駅から徒歩5分※ツアーの集
合場所は異なる、HPを要確認 Pあり(2台)

↑漁村ならではのほっこりする家
庭料理も味わえる

鳥羽マリンターミナル

とばマリンターミナル

↑夜はイルミネーショ
ンで縁取られる

鳥羽周辺 **MAP** 付録P.12 C-2

遊覧船や市営定期船が発着

鳥羽湾を巡る定期船や観光船
のターミナル。建物は真珠の
ネックレスをイメージした形
で展望デッキやカフェもある。

☎0599-25-4800 所鳥羽市鳥羽
1-2383-51 時6:40～20:20 休無
休 交JR／近鉄・鳥羽駅から徒歩7
分 Pなし(佐田浜第1駐車場利用)

TOBAパールタウン

トバパールタウン

鳥羽駅周辺 **MAP** 付録P.12 C-3

個性豊かな真珠店が並ぶ

特産のパールのアクセサリー
を扱う真珠店が集まる。手軽
なものから特別な日に身につ
けるものまでさまざま。

↑伊勢エビなどの売店や食堂も

☎0599-26-4077 所鳥羽市鳥羽
3-3-6 時9:00～17:30(冬期は～
17:00、季節により異なる) 休不定
休 交JR／近鉄・鳥羽駅から徒歩7
分 Pなし(鳥羽水族館駐車場利用)

カモメの散歩道

カモメのさんぽみち

鳥羽駅周辺 **MAP** 付録P.12 C-3

真珠島へと続く海辺の道

鳥羽駅前交番から海沿いに続
く約260mのプロムナード。ウ
ッドデッキを歩きながら眺め
る、鳥羽湾の景観が心地よい。

↑土木学会デザイン賞優秀賞受賞

☎0599-25-1157(鳥羽市観光商工
課) 所鳥羽市鳥羽1 時休料通行
自由 交JR／近鉄・鳥羽駅から徒歩
2分 Pなし(佐田浜第1駐車場利用)

海老フライ定食 2750円
開いたエビを絶妙な食感に仕上げた、ボリューム満点の人気定食。厚みがあり、噛むほどにエビの旨みと風味が口いっぱいに広がる逸品

↻1日限定20食！大海老フライ定食3218円

漣 鳥羽店
さざなみ とばてん

鳥羽駅周辺 **MAP** 付録P.12 B-3

予約 可
予算 **LD** 2500円〜

食べ応え抜群！
絶品エビフライの名店
新鮮魚介やエビフライが味わえる評判の魚介料理店。お造りや定食、新鮮魚介の一品メニューのほか、お持ち帰りメニューや魚介に合うワインも揃えている。

☎0599-25-2220
所鳥羽市鳥羽3-5-28
営11:00(土・日曜、祝日は10:30)〜15:00(LO)
16:30〜19:00(LO)※売り切れ次第終了　休火曜
(祝日の場合は営業)　交JR／近鉄・鳥羽駅から徒歩7分　Pあり(30台)

↪伝統を感じる店構え。常連客も多く、地元でも人気(右)
店内は外観と違い、気軽な雰囲気で料理を楽しめる(左)

獲れたて新鮮魚介を供する海鮮料理店へ！

漁師町の誇りを食す

海辺の街・鳥羽で味わいたいのが、水揚げされたばかりの豊富な海産物。
海の幸を惜しげなく盛り、しかもお手ごろ価格の食事処は地元でも大人気。

→獲れたての海の幸をてんこもりにのせた、てんこもり海鮮丼1980円

↻おみやげや贈り物にぴったりな人気商品が豊富に揃う(右)
市場では新鮮魚介が購入できる。全国宅配便も対応(左)

赤の究極の海鮮丼
(珍味、黒潮汁付き)
3980円
伊勢エビ、ウニ、イクラなどふんだんにのせた旬の魚介が味わえる、まさに究極の丼。一度食べたら忘れられないと、何度も足を運ぶ人も

予約 不可
予算 **LD** 2000円〜

黒潮ダイニング
パールロード店
くろしおダイニング パールロードてん

本浦 **MAP** 付録P.13 D-1

新鮮魚介を贅沢に堪能
驚きの海鮮丼をぜひ
新鮮な海の幸を思う存分堪能できる海鮮市場。注文後、生け簀から素材を取り出し調理してくれるので、鮮度抜群。活きた魚介は味も格別で、客足の絶えない人気店。

☎0599-32-5352
所鳥羽市浦村町7-1
営8:30〜17:00　休無休
交JR／近鉄・鳥羽駅から車で15分
Pあり(40台)

天びん屋 本店
てんびんや ほんてん

鳥羽駅周辺 **MAP** 付録P.12 B-3

鳥羽の磯料理と
伝統料理を味わう

地元産の魚介料理が180種類以上揃う、駅近の海鮮処。鮮魚を使った旬の料理のほか、伊勢うどんや手こねずし（昼のみ）など伝統的な料理も味わえると評判。

☎0599-25-2223

🏠鳥羽市鳥羽1-4-61 🕐11:30〜14:00（LO）17:00〜21:30（LO21:00）🈲月曜（祝日の場合は翌日）、ほか不定休 🚉JR／近鉄・鳥羽駅から徒歩5分 🅿あり（30台）

予約	可
予算	
Ⓛ1500円〜	
Ⓓ3000円〜	

天びん屋の海女の釜めし（赤だし、小鉢付き）1760円
アサリ、エビ、真珠の小柱、ホタテの柱などをじっくり炊き上げた天びん屋の名物。ご飯に魚介のだしが染み込んだ、風味豊かな味わいにリピーターも多い

◑焼き貝を盛り合わせた「海女のほうろく焼」2585円

◑観光客で賑わう商店街の一角にあり、利便性も抜群の立地（右）
1階はテーブル席、2階はお座敷で大人数にも対応できる（左）

予約	不可
予算	
Ⓛ1000円〜	
Ⓓ3000円〜	

◑広い店内。奥には再現された海女小屋が見られる

海女小屋 鳥羽 はまなみ
あまごや とば はまなみ

鳥羽駅周辺 **MAP** 付録P.12 C-3

香ばしい香りが食欲をそそる
獲れたて魚介の豪快炭火焼

海女小屋の雰囲気漂う店内で、活きの良い魚介をお造りや炭火焼にして提供してくれる。貝焼きや旬のお造りが揃うので、お酒を楽しみたい人にもおすすめ。

☎0599-26-5396

🏠鳥羽市鳥羽1-6-18 🕐11:00〜14:00（土・日曜、祝日は〜20:00）🈲木・金曜 🚉JR／近鉄・鳥羽駅から徒歩5分 🅿あり（2台）

◑注文を受けてから豪快に網焼きに。素材の味を思う存分堪能できる

◑店舗表には生け簀がズラリと並ぶ

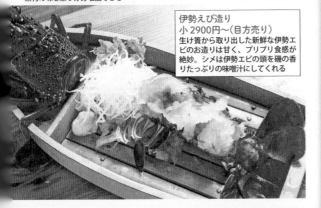

伊勢えび造り
小 2900円〜（目方売り）
生け簀から取り出した新鮮な伊勢エビのお造りは甘く、プリプリ食感が絶妙。シメは伊勢エビの頭を磯の香りたっぷりの味噌汁にしてくれる

さざえストリートで焼き貝を

おつまみ感覚で気軽に新鮮魚介を楽しもう。

街道沿いに魚介店が並ぶ、通称「さざえストリート」。ふらりと立ち寄って、ビール片手に海鮮焼きを楽しんでみては。

さざえストリート
さざえストリート

鳥羽駅周辺 **MAP** 付録P.12 C-2

🏠鳥羽市鳥羽1 🕐店舗ごとに異なる 🚉JR／近鉄・鳥羽駅からすぐ 🅿なし

◑鳥羽駅すぐの好立地も魅力的な商店街

◑新鮮で臭みのない魚介を、ていねいに焼き上げてくれる

◑水槽には新鮮な魚介がたくさん

リゾートホテルで極上ステイ

潮騒が響く絶景美食の宿

波穏やかな鳥羽湾は、全身で海を感じゆったりと滞在したい場所。
素敵な旅を心ゆくまで満喫できる宿を選びたい。

絶景ポイント
「インフィニティ温泉」
では、目の前に広がる
伊勢湾と温泉とが溶け
合う景色を満喫できる

鳥羽の景色と一体化した
アートや温泉に癒やされる

TAOYA志摩
タオヤしま

本浦 **MAP** 付録P.13 F-1

大江戸温泉物語が手がける温泉リゾートホテル。伊勢湾が目の前に広がる絶好のロケーションのなか、大浴場、レストラン、客室などで非日常のひとときを過ごすことができる。夕食時のアルコールなどが宿泊料金に含まれるオールインクルーシブを導入している。

☎0570-031-268
🏠鳥羽市浦村町白浜1826-1
🚋JR／近鉄・鳥羽駅から車で25分（鳥羽駅から送迎あり、要予約）
🅿あり（120台） 🈺15:00 🈡10:00 🛏123室（全室禁煙）
💰1泊2食付2万1800円〜

ホテルグルメ PICK UP

四季の食材を使った
多彩な料理をバイキングで
食事は朝夕ともバイキング形式。和洋中の創作メニューやご当地の味など、目や舌で楽しめるメニューが並ぶ。夕食時のアルコールも無料。

1.目線の高さに伊勢湾が広がり、非日常的な湯浴みが楽しめる人気の「インフィニティ温泉」 2.のんびりくつろげる客室は全室オーシャンビュー。さまざまな客室タイプを用意 3.足湯に浸かりながら星空を眺められる「星空テラス」も好評 4.草間彌生の『南瓜』など、敷地内には6点の現代アートを展示

伝統と格式あるホテルで
真珠の恵みと美観に浸る

鳥羽国際ホテル
とばこくさいホテル

鳥羽駅周辺 **MAP** 付録P.12 B-1

開業以来、半世紀にわたって皇族や国賓をはじめとする国内外の賓客を数多くもてなしてきた伝統あるホテル。鳥羽湾に突き出た主水岬という最高のロケーションに位置しており、美景を間近に望むことができる。景観を楽しみながら、極上の時間を過ごしたい。

☎0599-25-3121
🏠鳥羽市鳥羽1-23-1
🚋JR／近鉄・鳥羽駅から車で5分（近鉄鳥羽駅から無料シャトルバスあり） 🅿あり（110台）
🈺14:00 🈡11:00 🛏84室
💰1泊2食付2万5850円〜

ホテルグルメ PICK UP

海の幸をたっぷり
堪能できるコース料理
国内外の賓客をもてなしてきたメインダイニング「シーホース」では、月ごとにメニューが変わるマンスリーランチも好評。

1.紺碧の海を見下ろす主水岬に建つ 2.開放感あふれる大きな窓と、広々とした贅沢な空間 3.メインダイニング「シーホース」では鳥羽湾を見渡しながらフレンチを提供 4.ウッドデッキにソファを配したテラスは、まさに絶景を見るための特等席

絶景ポイント
昼間の穏やかに輝く海、夜には頭上の星空と水面に映る月光。どちらも独り占めしたい

志摩

❖

島々が織りなす繊細かつ優美な
景観が広がる英虞湾をはじめ、
随所に待ち受ける印象的な自然風景。
海辺のリゾートホテルや
豊かな海の幸の美食も堪能でき、
心身とも癒やされる
贅沢な時間を過ごしたい。

豊饒の海に
抱かれた景勝地

エリアと観光のポイント ❖
志摩はこんな街です

リアス海岸が特徴的な志摩半島南部。
自然に恵まれた絶好のリゾートとして、国内屈指の人気を誇る。

海にまつわる
多彩な見どころが
いっぱいあるよ！

人気グルメ店も多い中心街
鵜方周辺
うがた

志摩市内でも多くの人口が集中する地域で、レストランや食事処も豊富。鵜方駅からは志摩の各方面へ向かう路線バスが発着している。

観光のポイント 横山展望台 P.109

英虞湾に浮かぶ景勝地
賢島周辺
かしこじま

英虞湾内の最大の島で、美しい景色と高級リゾートホテルが人気。港からは、浜島や前島半島へのアクセスに便利な定期船が運航。

観光のポイント 賢島エスパーニャクルーズ P.113

豊かな自然を贅沢に満喫
浜島周辺
はまじま

海と山、豊かな自然に囲まれたリゾート施設があり、広大な敷地でアクティビティを楽しめるのが魅力。

観光のポイント NEMU RESORT P.128
志摩地中海村 P.128

灯台が見守る海と港町
前島半島
さきしまはんとう

英虞湾を囲むように延びた志摩半島の南部分は前島半島と呼ばれ、海を見晴らす灯台や漁師町が点在する。

観光のポイント ともやま公園 P.110 大王埼灯台 P.110
麦埼灯台 P.111 志摩自然学校 P.113

地図：
伊勢市
八称宣山
12
南伊勢町
12
▲ 馬山
16
152
112
浜島周辺
17
720
磯笛岬展望台
★ 海ほおずき

志摩

ブランドカキとテーマパーク

的矢湾周辺
まとやわん

湾北側の的矢で養殖される「的矢かき」が有名。スペインをイメージしたテーマパーク「志摩スペイン村」は志摩観光の注目スポットだ。

 観光のポイント 志摩スペイン村 P.114

交通 information

志摩の移動手段

近鉄の鵜方駅を玄関口に、各地への三重交通バス路線を利用できるが、アクセスしにくい場所もあるため、車も選択肢に入れたい。前島半島の和具へは、遠回りの陸路よりも賢島から「あご湾定期船」に乗るほうが効率的。

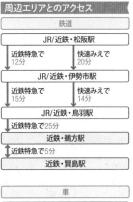

周辺エリアとのアクセス

鉄道

JR/近鉄・松阪駅

| 近鉄特急で 12分 | 快速みえで 20分 |

JR/近鉄・伊勢市駅

| 近鉄特急で 15分 | 快速みえで 14分 |

JR/近鉄・鳥羽駅

近鉄特急で25分

近鉄・鵜方駅

近鉄特急で5分

近鉄・賢島駅

車

松阪IC

伊勢自動車道経由 36km

伊勢IC

県道32号、国道167号経由 24km	伊勢二見鳥羽ライン経由 13km
	鳥羽
	国道167号経由 22km

鵜方

国道167号経由 3km

賢島

問い合わせ先

観光案内
志摩市観光協会　☎0599-46-0570
交通
三重交通 志摩営業所　☎0599-55-0215
志摩マリンレジャー 賢島営業所
（あご湾定期船）　☎0599-43-1023
オリックスレンタカー
（志摩・近鉄鵜方駅前店）
　　　　　　　　☎0599-43-1098

志摩はこんな街です

リアス海岸と雄大な水平線の海を巡る

きらめく水面に誘われて
絶景の旅へ

無数の岬が幾重にも重なる英虞湾、
穏やかな的矢湾、雄大に広がる太平洋。
志摩の多彩な海景を追う。

志摩丸山橋 ➡ **P.117**
しままるやまばし

長さ318m幅10.5mの近代
的で美しいフォルムは日本
の橋100選のひとつ。

**都リゾート 志摩
ベイサイドテラス** ➡ **P.127**
みやこリゾート しま ベイサイドテラス

英虞湾に面した、オレンジ瓦と白壁に大人
の雰囲気が漂うスパニッシュリゾート。

英虞湾
あごわん

志摩半島屈指の
見事な絶景を誇
るリアス海岸。

志摩 ● 歩く・観る

遊歩道で結ばれた
5つの展望台

横山展望台の
**見晴らし
ポイント**
➡

横山天空カフェテラス　標高140m

南に英虞湾を一望できる。寒い季節には富士
山が見えることも。カフェや休憩コーナーも併
設している。

⬇ 広々としたウッドデッキから絶景が眺められる

木もれ日テラス　標高140m

横山天空カフェテラスのそばにある。木々に囲
まれたプライベート空間で、木陰の下で座りな
がら景色を楽しむことができる。

⬇ 展望台駐車場からここまではスロープで行ける

横山展望台
よこやまてんぼうだい

鵜方周辺 **MAP** 付録P.5 D-2

**人々の長い営みと自然が
織りなす共生のコントラスト**

青い海と深い緑が絶妙なバランスで眼下に広がる景観は、伊勢・志摩でもトップクラスの素晴らしさと名高い。春には桜、秋には紅葉へと姿を変えながら、訪れる者を魅了してやまない眺めだ。

☎0599-44-0567（横山ビジターセンター） 所志摩市阿児町鵜方 開見学自由、ビジターセンター9:00〜16:30 休ビジターセンターは火曜（祝日の場合は翌日） 料無料 交近鉄・鵜方駅から車で10分 Pあり（28台）

志摩大橋 ➡P.117
しまおおはし

真珠養殖の海に架かる国道260号の橋。通称「パールブリッジ」。

NEMU RESORT ➡P.128
ネムリゾート

宿泊施設、ゴルフ場、マリーナがある複合型リゾート施設。

志摩地中海村 ➡P.128
しまちゅうかいむら

地中海の街を彷彿させる滞在型リゾートヴィレッジ。

独特な景観美の英虞湾を一望。あご湾展望台にあるレリーフと実際の景色を比べてみるのもおもしろい

そよ風テラス 〔標高168m〕

地元産の檜をふんだんに使用し、ゆったりとダイナミックな英虞湾の景色を望むことができる。

↓テラス上部にはベンチがある

あご湾展望台 〔標高177m〕

標高も高く、英虞湾に最も近い場所にあるため、眼下に見下ろすような眺めが楽しめる。

↓湾内の地図が描かれたレリーフがある

見晴展望台 〔標高180m〕

5つの展望台で最も標高が高く、唯一英虞湾と内陸の山側の両方の景色を見渡すことができる。

↓周囲270度の視界が開けている

↑藤島武二ら多くの画家を魅了した灯台からの絶景

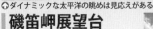
↑ダイナミックな太平洋の眺めは見応えがある

大王埼灯台
だいおうさきとうだい
前島半島 **MAP** 付録P.15 F-3

**多くの画家たちから愛され
描かれた風景が見られる**

石畳の坂道で知られる波切に昭和2年(1927)に建設された白亜の灯台。22.5mの頂上まで上ることができる。

↑はるか熊野灘から遠州灘までを見渡すことができ、南西に麦埼灯台も見える

☎0599-46-0570(志摩市観光協会)
所志摩市大王町波切54 開9:00～16:00 (3～10月の土・日曜、祝日は～16:30) 休荒天時
料300円 交近鉄・鵜方から三重交通バス・御座港行きで19分、大王埼灯台下車、徒歩15分 Pなし(周辺有料駐車場利用)

磯笛岬展望台
いそぶえみさきてんぼうだい
浜島周辺 **MAP** 付録P.4 C-3

**人を包み込む夕景と
祈りの鐘が響く展望台**

南張メロンの里に近い浜島の岬。晴天の日には「日本の夕陽百選」に選ばれた金色の夕日に出会える。海女と漁師の悲恋物語を伝える「ツバスの鐘」がある。

↑二度鳴らすと幸せを呼ぶという「ツバスの鐘」

↑雄大な熊野灘と大台ヶ原山系などが見渡せる

☎0599-46-0570(志摩市観光協会)
所志摩市浜島町南張 開休見学自由
交近鉄・鵜方駅から三重交通バス・宿浦行きで24分、磯笛峠下車、徒歩5分
Pあり(10台)

ともやま公園
ともやまこうえん
前島半島周辺 **MAP** 付録P.15 D-2

**英虞湾の中央に沈む夕日は
写真マニアたちの憧れの景色**

約100haという広大な敷地にはキャンプ村やアスレチック、海水浴場などが整備されている。園内には英虞湾を望む3つの展望台があり、海に沈む夕日も眺められる。

☎0599-72-4636(ともやま公園事務所)
所志摩市大王町波切2199
開休料入園自由 交近鉄・鵜方駅から車で20分 Pあり(200台)

↑県道の突き当たりに位置する桐垣展望台は夕日の名所(左)。芝生広場展望台は穴場的スポットだ(右)

↑春と秋には英虞湾の真正面に夕日が沈み、あたりは橙色に染まる

↑登茂山展望台からの景色は地元の人も絶賛する。人も少なく静かなのもいい

⬆目の前には青く輝く太平洋が広がる

麦埼灯台
むぎさきとうだい
前島半島 **MAP** 付録P.15 D-4

志摩最南端の大海原を
静かに見守る白亜の灯台

伊勢・志摩の最南端に建ち、目の
前には太平洋が大きく開けた眺望
抜群の灯台。「日本の音風景100
選」に選ばれ、海女たちの磯笛の
音が春から秋にかけて聞こえる。

⬅駐車場がな
いため、立ち
寄るには公共
の交通機関を
使うのがおす
すめ

☎0599-46-0570
(志摩市観光協会)
⬛志摩市志摩町片田 ⬛⬛見学
自由 ⬛近鉄・鵜方駅から三重交
通バス・御座港行きで40分、片田
下車、徒歩15分 ⬛なし

⬇東には大王埼灯台のある
波切が見える(左)。難所
で知られる布施田水道を
航行する船を見守る(右)

⬆波静かな的矢湾と荒々しい太平洋、2つの海を眺望

安乗埼灯台
あのりさきとうだい
的矢湾周辺 **MAP** 付録P.16 C-3

映画の舞台にもなった
四角形の珍しい灯台

灯台守夫婦の暮らしを描いた木下
恵介監督の映画『喜びも悲しみも
幾歳月』の舞台となったことで知
られる。暗礁が多い難所を通る船
を導いてきた。

⬅「日本の灯台50選」
に選ばれた四角い形
が印象的

☎0599-47-5622
(公益社団法人 燈光会 安乗埼支所)
⬛志摩市阿児町安乗794-1 ⬛9:00～
16:00(3～10月の土・日曜、祝日は～16:
30) ⬛荒天時 ⬛300円 ⬛近鉄・鵜方
駅から三重交通バス・安乗行きで23分、
安乗口下車、徒歩10分 ⬛あり(40台)

⬇芝生広場も整備さ
れ、近くには灯台資料
展示室もある

⬆春から秋のシーズンには漁をする海女の姿が見られることも

南伊勢町まで足を延ばして

南海展望公園
なんかいてんぼうこうえん

海抜150mにある展望台から見
える360度のパノラマが素晴らし
い。遊歩道が整備され、季節の
花々を眺めながら散策もできる。

南伊勢町 **MAP** 付録P.4 B-3
☎0599-66-1717(南伊勢町観光協会) ⬛南伊勢町相賀浦～礫浦
⬛⬛入園自由 ⬛近鉄・志摩磯部駅から車で40分 ⬛あり(4～5台)
⬇深く入り組んだ五ヶ所湾や海跡湖の大池など、変化に富んだ景色

⬆ベンチに腰掛け、しばし大空
と水平線を眺めるのもよい

南海展望公園
磯笛岬展望台
横山展望台
ともやま公園
安乗埼灯台
大王埼灯台
麦埼灯台
英虞湾
熊野灘
太平洋

贅沢空間で大人のアウトドア体験

極上グランピング

アウトドアならではの魅力とホテルのような快適さを
兼ね備えた、贅沢な施設で極上ステイを体験しよう!

1. ドーム内は冷暖房完備で快適。プライベートプールやテントサウナ付きの豪華なドームもある 2. 英虞湾を望む小高い丘の上にあるラグジュアリーなグランピング施設 3. 伊勢・志摩・賢島エリアで採れた新鮮食材にこだわったグランピングメニューも豊富

グランドーム伊勢賢島
グランドームいせかしこじま
賢島 **MAP** 付録P.17 E-3

無料サービスがうれしい
贅沢なグランピング施設

約9500㎡の広大な敷地内には、8種類14棟のドームテントが点在。敷地中央にはキャンプファイヤーとキッチンカーがあり、バータイムにはアルコールやカクテル、おつまみなどを無料で楽しめる。

☎0800-200-5133
所 志摩市阿児町神明863-4
営 IN15:00／OUT10:00
料 1泊1万5600円～
交 近鉄・賢島駅から徒歩15分(送迎あり)
P あり(30台)

LUXUNA伊勢志摩
ラグナいせしま
志摩町 **MAP** 付録P.14 A-3

テント内から海を眺める
ラグジュアリーグランピング

伊勢志摩国立公園内にあるグランピング施設。シーサイドとウッドランド、2エリアに分かれたテントは全13棟。テントサウナや岩風呂、ファイヤーピットなど共用施設のほか、マリンアクティビティも楽しめる。

☎0599-77-7500
所 志摩市志摩町御座878
営 IN15:00／OUT10:00
料 1泊1万240円～ 交 近鉄・鵜方駅から三重交通バス御座港行きで1時間。御座白浜バス停下車徒歩13分 P あり(20台)

1. 志摩半島の最西端、約4000坪超の広大な敷地にある 2. シーサイドエリアのパシフィックドームからは、海を一望できる 3. 森に囲まれたウッドランドエリアのテント。全テントが専用のバーベキューガゼボ付き 4. 伊勢エビや黒毛和牛など、山海の幸を贅沢に堪能できる3つの夕食コース

志摩●歩く・観る

マリンアクティビティ体験!

紺碧の海に遊ぶ

海と太陽に象徴される風光明媚な志摩。
多彩なマリンレジャーで海とふれあってみたい。

海遊びをチェック

英虞湾エコツアー シーカヤックツーリング

1.5時間コース 1人4500円
(最少催行人数2名)

近くの無人島を目指すガイド付きエコツアー。水面すれすれから見る景色は、自然との一体感を楽しめる。

志摩自然学校

しましぜんがっこう
前島半島周辺 **MAP** 付録P.15 D-2

志摩の美しく豊かな自然を体感できる

波の静かな英虞湾に面したともやま公園(P110)を拠点として、シーカヤックやネイチャークラフトなどのプログラムを催行。"志摩の里海"の豊かな自然の恵みの素晴らしさを体感することができる。

☎0599-72-1733
🏠志摩市大王町波切2199 ともやま公園内 ⏰9:00～17:00 🈺不定休 🚃近鉄・鵜方駅から車で20分 🅿あり(100台)
※体験プログラムは前日までに要予約

海遊びをチェック

NWWAウォーターボール® de 自然体験

1人5000円(最少催行人数2名)
直径2.5mの巨大ボールの中に乗り込み、ボートに引かれて海へ。転がって海中をのぞいたり、空を眺めたりと楽しみ方は自由。約15分間の浮遊体験が楽しめる。

賢島エスパーニャクルーズ

かしこじまエスパーニャクルーズ
賢島周辺 **MAP** 付録P.17 E-4

潮風を感じながら穏やかな英虞湾をゆっくり遊覧

カラック船と呼ばれるスペイン大航海時代の帆船をモチーフにした遊覧船「エスペランサ」。大小60もの島々と、真珠養殖筏の間を優雅にクルージングする。

☎0599-43-1023
(志摩マリンレジャー賢島営業所)
🏠志摩市阿児町神明752-11 ⏰9:30～15:30
🈺不定休 🚃近鉄・賢島駅から徒歩2分の賢島港から出港 🅿あり(10台)

海ほおずき

うみほおずき
浜島周辺 **MAP** 付録P.14 A-2

潮の引いた磯場を再現 遊びながら漁業を学ぼう

志摩の漁村の暮らしや文化を体験学習できる施設。浅磯体験や、干物作り、てこね寿司作り体験、冬期は伊勢エビ釣りなどが楽しめる。

☎0599-53-1002
🏠志摩市浜島町浜島465-14 ⏰9:30～16:00
(7・8月は～17:00) 🈺火曜(夏休み期間は無休)
🚃近鉄・鵜方駅から三重交通バス・宿浦行きで21分、朝日山下車、徒歩15分 🅿あり(70台)

海遊びをチェック

伊勢エビ釣り

1匹コース2500円(11～4月中旬に開催)
1匹釣ったら終了だが、釣れなかった場合も1匹もらえる。体験後は炭火焼きにして食べる。土・日曜、祝日と冬・春休み期間は要事前予約。

海遊びをチェック

「エスペランサ」 あご湾クルージング

1人1800円
英虞湾を一周50分で遊覧。タイムスリップしたような船旅が楽しめる。

南欧の風が吹くリゾートで遊ぶ

志摩スペイン村

しまスペインむら

情熱と太陽の国スペインが
モチーフのテーマパーク。
陽気なラテンムードが漂う、
非日常の世界を肌で感じたい。

2024年で開園30周年!

2024年4月22日に開園30周年を迎える志摩スペイン村。アニバーサリーを記念し、パレードがリニューアルするほか、さまざまなイベントが開催される。

グエル広場など、名所をコラージュした街並みが楽しめる

観光のポイント

年間を通して季節の花々が咲き誇る美しい園内に注目!

ホテルや天然温泉でくつろげるのも複合リゾートならでは

大人も楽しい多彩な遊び 随所にスペインテーマパーク!

異国情緒たっぷりのスペインの街並みを再現したテーマパーク。絶叫系アトラクションをはじめ、本場スペイン人のエンターテイナーによるフラメンコショー、パレードなど盛りだくさんで楽しめる。スペインの魅力が詰まったレストランやショップも充実。遊んだあとはホテルや天然温泉でリフレッシュ。

的矢湾周辺 **MAP** 付録P.16A-2
☎0599-57-3333 所志摩市磯部町坂崎
時9:30～17:00(曜日、季節により異なる)
休2024年6月24～28日
料パスポート
大人5700円、中人4600円、小人・シニア3800円
アフタヌーンパスポート
(ナイター営業日の14:00～)
大人3800円、中人3000円、小人・シニア2500円
交近鉄・鵜方駅から三重交通バス・志摩スペイン村行き(直通)で13分、終点下車すぐ
Pあり(4200台・有料)

ビレネー
Pyrenees

ビレネー山脈をモチーフにした世界最大級の吊り下げ式コースター

本場スペインの雰囲気満点

必見のショーはコチラ!

バルケエスパーニャパレード
エスパーニャカーニバル "ブエン ビアヘ"

スペインの陽気な祭りを表現したパレード。
上演場所 パレードコース 上演時間 約30分 上演期間 2024年2月10日～12月1日

フラメンコショー
オペラ・プリマ

本場スペイン人ダンサーが迫力と情熱のステージを届ける。
上演場所 カルメンホール 上演時間 約25分 上演期間 2024年2月10日～12月1日 料金 400円

ストリートミュージカル
テソロ・デ・オーロ

陽気なスペイン人たちが繰り広げるストリートミュージカル。
上演場所 シベレス広場 上演時間 約25分 上演期間 2024年2月10日～12月1日

パークに隣接するホテル&温泉施設

ホテル志摩スペイン村
ホテルしまスペインむら

MAP 付録P.16A-2

パークで楽しんだ想い出をそのままにステイを満喫。開園30周年を記念して、客室をリニューアル。

☎0599-57-3511
🕐IN15:00
OUT11:00
💴1泊2食付1万9400円～

伊勢志摩温泉 志摩スペイン村
ひまわりの湯
いせしまおんせん しまスペインむら ひまわりのゆ

MAP 付録P.16A-2

豊かな自然に囲まれた天然温泉。露天風呂からは海を見下ろせる。

☎0599-57-3700
🕐9:00～23:00(最終受付22:00)
💴1400円(パーク入園者1100円、ホテル宿泊者無料※別途入湯税)

マドリードのマヨール広場がモチーフ。中央にはフェリペ3世騎馬像(上)。漆喰の白壁に鮮やかな花が印象的なサンタクルス通り(下)

キディモンセラー
Kiddy Montserrat

ポップな雰囲気のキッズコースター。絶叫系が苦手な人でも楽しめる

スプラッシュモンセラー
Splash Montserrat

丸太形のライドで川を探検し、ゴール直前にモンセラー山頂から急降下!

グランモンセラー
Gran Montserrat

全長815m、緻密に設計された岩山をすり抜ける疾走感が最高!

トマティーナ
La Tomatina

トマト祭りの雰囲気が楽しめる。8の字回転がスリル満点のティーカップ

注目ポイント

期間限定のナイター営業

ゴールデンウィークや夏休み期間中にはナイター営業が実施される。期間中は毎夜、きらびやかなナイトパレードや、夜空いっぱいに広がる大迫力の花火と音楽の競演「ムーンライトフィナーレ」を上演。志摩スペイン村ならではの華やかな夜を楽しもう。営業カレンダーは公式サイトでぜひチェックしておきたい。

URL www.parque-net.com

グルメスポット

アルハンブラ

調理法や素材にこだわったパエリャやスペイン風オムレツなど、本格派スペイン料理を落ち着いた雰囲気で食べられる。

↻ できたてのパエリャを味わえる伊勢海老パエリャセット4600円※2人前から注文可

的矢

旅先ならではの地元食材にこだわった贅沢なメニューを堪能できる。

↻ 三重ブランドの松阪牛を使用した松阪牛重2900円

おみやげをチェック

↻ 陶器工房「カンタロ」の絵皿。1枚2350円～

↑ スペインの伝統菓子「ポルボロン」8個入り900円

↻ パエリャ鍋は直径22cm 2000円～でさまざまなサイズが揃う

志摩の見どころ | 海に抱かれた地の多彩な魅力にふれる

もっと志摩を楽しむ

入り組む海岸線と島々が生み出す海と空の風景を愛で、真珠貝や的矢のカキに至福の時を感じる。
豊饒の湾に沈む落日の風景を神々も称賛し、祝福したに違いない。

天の岩戸

あまのいわと

志摩磯部 MAP 付録P.2C-4

天の岩戸伝説を今に残す

恵利原の水穴ともいわれ、天照大神が身を隠したという天の岩戸伝説が残る。冷気が噴き出す洞窟から日本の名水百選に選ばれた清水が湧き出る。

☎0599-46-0570(志摩市観光協会) 所志摩市磯部町恵利原 開休料見学自由 交磯部バスセンターから三重交通バス・伊勢口駅前行きで9分、天の岩戸口下車、徒歩25分 Pあり(20台)

↑絶えず風が噴き出す風穴がある

↑天の岩戸の湧水から流れ落ちるみそぎ滝

↑岩戸を開いた手力男命の手形が残る手形石

↑神宮林に囲まれた神秘的な雰囲気。鳥居の奥にある洞窟から清水が湧く

おうむ石

おうむせき

志摩磯部 MAP 付録P.5D-1

一枚岩からおうむ返し

和合山にある幅127m、高さ31mの一枚岩。岩がやまびこのように作用し、「語り場」で発した音や声が「聞き場」で岩からの音や声のように伝わる。

☎0599-46-0570(志摩市観光協会) 所志摩市磯部町恵利原 開休料見学自由 交磯部バスセンターから三重交通バス・伊勢口駅前行きで3分、恵利原下車、徒歩30分 Pあり(5台)

↑おうむ石の前には鳥居が立つ

↑語り場(右)にある拍子木を打つと岩に反響した音が聞き場(左)では岩で鳴っているように聞こえる

石仏(潮仏)

いしぼとけ(しおぼとけ)

前島半島 MAP 付録P.14A-3

海中に祀られた不思議な仏

御座港の近くの海の中に鎮座し、潮の満干により姿が消えたり現れたりするため潮仏と呼ばれる。満潮で沈むと人の代わりに病苦を受け止めると伝わる。

☎0599-46-0570(志摩市観光協会) 所志摩市志摩町御座 開休料見学自由 交近鉄・鵜方駅から三重交通バス・御座港行きで1時間1分、御座下車すぐ Pなし

↑海面から地蔵尊の頭だけがのぞくことも

↑左の岩がご本尊、右は前立地蔵尊。海女たちの守護神でもある
写真提供:(公社)三重県観光連盟

御座白浜

ござしらはま

前島半島 MAP 付録P.14A-3

白砂ビーチと透明な海水

英虞湾を囲むように東西に延びる前島半島の先端の北側に広がる海岸で環境省の快水浴場百選にも選ばれている。

↑水質の良さで知られる海水浴場

☎0599-88-3018(御座白浜監視所)※海水浴シーズン限定 所志摩市志摩町御座 開休料見学自由(海水浴場7・8月開設) 交近鉄・鵜方駅から三重交通バス・御座港行きで59分、御座白浜下車、徒歩2分 Pあり(460台・有料)

国府白浜

こうしらはま

国府 MAP 付録P.5E-2

全長3kmに及ぶ砂浜

志摩半島の東側、太平洋に面した海岸。遠浅の海でサーフポイントとしても人気がある。海岸の南には海水浴場が隣接。

↑一年を通してサーファーが集う

☎0599-46-0570(志摩市観光協会) 所志摩市阿児町国府 開休料見学自由 交近鉄・鵜方駅から三重交通バス・安乗行きで14分、国府白浜下車すぐ Pあり(500台・有料)

びん玉ロード

びんだまロード

浜島周辺 MAP 付録P.14A-2

明かりが灯る夜が幻想的

昔は漁業や真珠養殖の浮に使われていたガラス玉「びん玉」が、約400個並ぶ海岸沿いの散歩道。夕刻から点灯される。

↑約1kmにわたりびん玉が並ぶ

☎0599-46-0570(志摩市観光協会) 所志摩市浜島町浜島 開休料見学自由 交近鉄・鵜方駅から三重交通バス・宿浦行きで21分、浜島下車、徒歩10分 Pあり(8台)

志摩●歩く・観る

志摩国分寺
しまこくぶんじ

国府 **MAP** 付録P.5 E-2

潮風のなか 歴史を感じる

奈良時代、聖武天皇の詔によって全国に建てられた国分寺のひとつ。本尊は県の文化財に指定されている薬師如来で、20年に一度ご開帳される。

↑応仁の乱で焼失し、現在の本堂は天保14年（1843）に完成した

↑奈良時代に国分寺が建っていたことを示す石碑が山門の脇にある

☎0599-47-3128 所志摩市阿児町国府3476 開休料見学自由 交近鉄・鵜方駅から三重交通バス・安乗行きで15分、国府白浜下車、徒歩5分 Pあり（20台）

的矢湾大橋
まとやわんおおはし

的矢湾周辺 **MAP** 付録P.16 A-1

パールロードの赤い橋

的矢湾とその内湾の伊雑ノ浦の境に架かる全長237.6m、赤いアーチ型の橋。展望台もあり、的矢湾の眺めが美しい。

↑木々の緑と海の青に赤が映える

☎0599-46-0570（志摩市観光協会）所志摩市磯部町的矢 開休料見学自由 交近鉄・志摩磯部駅から車で10分 Pあり（20台・展望台駐車場）

志摩大橋
しまおおはし

前島半島 **MAP** 付録P.14 C-3

愛称は志摩パールブリッジ

英虞湾の南側を囲むように東西に延びる前島半島の中ほど、リアス海岸が深く入り込むところに架かるアーチ橋。

↑真珠の海に架かる真珠色の橋

☎0599-46-0570（志摩市観光協会）所志摩市志摩町和具 開休料見学自由 交近鉄・鵜方駅から車で30分 Pなし

志摩丸山橋
しままるやまばし

前島半島 **MAP** 付録P.15 D-3

モダンなデザインの橋

前島半島を貫く幹線道路、国道260号に架かる橋。深く入り込んだリアス海岸の岸と岸を結び、英虞湾を望める。

↑優美な形状の斜張橋

☎0599-46-0570（志摩市観光協会）所志摩市志摩町片田～布施田 開休料見学自由 交近鉄・鵜方駅から車で25分 Pなし

↑物産館では地産の農産物や魚介類を販売。食事処もある

道の駅 伊勢志摩
みちのえき いせしま

志摩磯部 **MAP** 付録P.5 D-2

新鮮な味覚を堪能できる

国道167号沿い、志摩市の玄関口に位置。隣接する伊勢志摩物産館では地元のおみやげが充実している。

↑手前が道の駅。奥の建物が伊勢志摩物産館「ささゆりの郷」

☎0599-56-2201 所志摩市磯部町穴川511-5 営9:00～18:00（伊勢志摩物産館は～17:00、土・日曜、祝日は～17:30）休無休 交第二伊勢道路・白木ICから車で15分 Pあり（28台）

賢島大橋
かしこじまおおはし

賢島周辺 **MAP** 付録P.17 E-3

橋から見る夕日が美しい

英虞湾内の島で最も面積が広く、近鉄志摩線の終着でもある賢島の入口にあたる橋。夕日の名所としても有名。

↑島の北側、県道17号に架かる橋

☎0599-46-0570（志摩市観光協会）所志摩市阿児町神明 開休料見学自由 交近鉄・賢島駅から徒歩5分 Pなし

松井眞珠店
まついしんじゅてん

賢島周辺 **MAP** 付録P.17 E-4

重厚な手作りの天然真珠

創業は明治38年（1905）。賢島の開発が始まった昭和4年（1929）のこと。アンティークが素晴らしい。

↑風格が漂う歴史ある店舗

☎0599-43-1015 所志摩市阿児町神明733-4 営9:00～16:30 休無休 交近鉄・賢島駅からすぐ Pなし（市営有料駐車場利用）

佐藤養殖場 的矢かきテラス
さとうようしょくじょう まとやかきテラス

的矢湾周辺 **MAP** 付録P.16 B-1

的矢かき発祥の養殖場

老舗の養殖場で、カキを一年中食べられる食事処を併設。

↑臭み、えぐみ、苦味が少ない的矢かき

☎0599-57-2612 所志摩市磯部町的矢889 営10:00～15:00（LO14:30）休火曜 交近鉄・志摩磯部駅から車で15分 Pあり

志摩 ● 食べる

シーサイドのレストラン＆カフェ

海と太陽からの招待席へ

心地よい潮の香りと爽快な海岸風景。
オーシャンビューを楽しみながら
絶品を味わい、優雅なひとときを過ごしたい。

おすすめメニュー
ランチ（ドリンク・サラダ付）1180円
ベリーベリースムージー 720円
ケーキセット ケーキ代＋200円

潮風と眺望を楽しむ
ヴィンテージ風カフェ

SHEVRON CAFE
シェブロン カフェ

国府 **MAP** 付録P.5 F-2

海を見下ろす高台にある隠れ家
的スポット。天井の高い倉庫風
の店内にアンティークな家具や
雑貨が配され、居心地も抜群。
野菜や果物たっぷりのカフェメ
ニューが昼夜ともに楽しめる。

☎0599-47-4747
所志摩市阿児町国府3517-16
時11:00〜21:00（LO20:30、
ランチは〜16:00）休火曜
交近鉄・鵜方駅から三重交通バス・安乗
行きで14分、国府白浜下車、徒歩8分
Pあり（15台）

予約 不可
予算 L1180円〜
　　 D1500円〜

1.爽快なオーシャンビューを楽しめるテラス席　2.夏から
10月頃にかけては、サーフィン帰りの客も多く訪れる
3.神戸の設計事務所が母体というおしゃれな店内　4.人気
のタコライス960円（手前）とマロンとサツマイモのパンケー
キ920円（奥）など

地中海を思わせる景色と
和洋折衷の志摩フレンチを

ホテル&レストラン
槇之木
ホテル&レストランまきのき

前島半島 MAP 付録P.15 D-2

予約 要
予算 Ⓛ 2000円～
　　 Ⓓ 6000円～

風光明媚な英虞湾を一望する静か
なオーベルジュ。板前出身のシェ
フが作るフレンチは、志摩産の素
材を使った繊細な味。自家製パン
や有機素材のドリンクも評判だ。

☎0599-72-4155
㉐志摩市大王町波切
2235-13 ㉐11:00～14:00(LO)
17:30～20:00(LO) ㉐不定休
㉖近鉄・鵜方駅から車で20分
Ⓟあり(15台)

おすすめメニュー

ランチコース 3300円～
シーフードグラタン 1760円
オーガニックコーヒー 880円

1.夜のコース(9000円～・税別)より。季
節ごとに伊勢エビかアワビのメインと肉
料理、前菜、デザートなど
2.細い路地を進んでたどり着く隠れ家的
な立地も魅力
3.大きな窓がもたらす開放感と上質な雰
囲気が心地いい
4.GW頃からは海辺のテラスで海鮮BBQ
を楽しむことも

海と太陽からの招待席へ

119

噛みしめるほどに磯の風味が感じられる、究極の美味に出会う

口に広がる海の記憶! 極上アワビ

海女漁が盛んでアワビの名産地でもある志摩で、肉厚で旨みが凝縮された最高級のアワビを味わいたい。
志摩のホテルレストラン発祥のステーキに、匠の技が光るお造り。どちらも甲乙つけがたい食し方だ。

プティレストラン宮本
プティレストランみやもと

フランス料理

鵜方周辺 **MAP** 付録P.17 F-2

風味豊かなバターソースで味わうやわらかな志摩産アワビステーキ

志摩観光ホテル出身の店主による、フレンチベースの洋食レストラン。看板は通年味わえる志摩産鮑ステーキ。アワビ入りのカレーやタルトレットも自慢。

☎0599-43-5395
新志摩市阿児町鵜方3127-2 ボナール館1F
⏰11:30〜13:40 17:00〜19:40 休月曜、第3・4火曜 交近鉄・鵜方駅から徒歩10分 Pあり(20台)

◉店主の地元である鵜方で開業。志摩産の海の幸を洋風に味わえる人気店だ

志摩産鮑ステーキ1万3000円
肉厚な生のアワビを、大根やワインなどと一緒に3時間煮込むことで驚きのやわらかさに。焦がしバターの風味も絶品!

◉白とピンクが基調の気取らない雰囲気。サービスランチ1180円など手ごろなメニューも用意

◉シェフおすすめカレー4800円。3日かけて仕込むカレーに、アワビ、エビなどが入る

予約 望ましい
予算
L 980円〜
D 1500円〜

志摩 ●食べる

120

おとや

日本料理

鵜方周辺 MAP 付録P.17 D-1

予約 望ましい
予算 Ⓛ1500円〜 Ⓓ2500円〜

海女から仕入れる天然アワビを造りや寿司、バター焼きで堪能

地元の海女や漁師から直接仕入れる旬の魚介の鮨割烹。3〜9月に登場する志摩産天然アワビは、一杯でお造りや寿司、バター焼きなど多彩な味が楽しめる。

☎0599-43-0074
⬤志摩市阿児町鵜方1692 🕐11:30〜13:30(LO)17:00〜21:00(LO20:30) 休火・水曜 🚃近鉄・鵜方駅からすぐ Ｐあり(10台)
⬤カウンター席をはじめテーブルや座敷席もあり

アワビの造り 4000円〜(税別)
注文ごとに生け簀から取り出してさばく鮮度抜群のお造り。天然アワビならではの甘みと食感、肝刺しの濃厚な味わいが醍醐味だ

↪レモンと塩で味わう寿司や肝焼きなども楽しめるアワビ料理4000円〜

↪創業明治41年(1908)、地元の人にも長年愛され続ける老舗だ

日本料理 鯛
にほんりょうりたい

日本料理

鵜方周辺 MAP 付録P.17 E-1

予約 望ましい
予算 Ⓛ1500円〜 Ⓓ4000円〜

いちばんおいしい時期のアワビは酢や塩で味わう地元スタイルで

安乗、和具、波切などで水揚げされた近海の旬を、さまざまな調理法で提供。志摩産アワビや伊勢エビなどに、名物・鯛茶漬けが付くセットメニューも充実している。

☎0599-43-4572
⬤志摩市阿児町鵜方2037-1 🕐11:00〜14:00(LO13:30)17:00〜21:00(LO20:30) 休月曜
🚃近鉄・鵜方駅から徒歩3分 Ｐあり(13台)
⬤白木のカウンター席ほか2〜8名用の座敷席も用意

あわび造り 3000〜6000円
新鮮ゆえ、酢や塩で素材そのものの旨みをシンプルに味わうのが地元流。通年で注文できるが、5〜9月の身の肥えた志摩産をぜひ

↪名物の味、オリジナルの鯛せんべい1100円など

↪風格のある店構え。冬にはあのりふぐ料理も登場

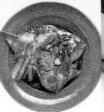

↪甘みがあってあっさり味の鯛のあら煮(2000円〜)

口に広がる海の記憶！ 極上アワビ

121

SHIMA
豊饒の海が育てた 名物の郷土食材を堪能
ブランド美食

美しく資源豊かな海に囲まれた志摩半島では、各地で自慢のブランド海鮮食材が味わえる。ぜひとも旬を狙って訪れたい。

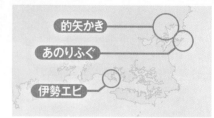

的矢かき
あのりふぐ
伊勢エビ

贅沢な冬の味覚
あのりふぐ

阿児町の安乗漁港を中心に水揚げされる、700g以上の天然トラフグ。旬は10〜3月。

料理旅館 ひさだ
りょうりりょかん ひさだ

的矢湾周辺 **MAP** 付録P.16 C-3

ふぐ仲買人の権利を持ち、中間業者を通さず買い付けるから新鮮でお得。天然ものにこだわったあのりふぐはもちろん、地元産のタコやカキ料理も味わえる。

☎0599-47-3317

🏠志摩市阿児町安乗798

🕐11:30〜14:30(最終入館12:30) 17:30〜21:00
(最終入館19:00) 🈺不定休 🚃近鉄・鵜方駅から車で20分 🅿あり(15台)

↗希少なふぐの白子焼きは6切3300円

↗塩と味噌味で楽しむ焼きふぐが付くコースも

↗伊勢志摩国立公園内の安乗岬に建つ

地元漁師から直接仕入れる天然ふぐ料理

あのり天然ふぐコース
1万3200円〜 ※食亭のみ

自慢のてっさやふぐ皮のしゃぶしゃぶ付きのてっちり、白子入り茶碗蒸し、唐揚げなど。10〜3月限定、要予約。1泊2食付きは1万7600円〜

↩日帰り利用でも部屋食でゆっくりできるのがうれしい。窓からは志摩の海の眺望が素晴らしい

佐藤養殖場直送の的矢かきフルコース

的矢かきづくしＡコース 8800円〜
計25〜30個の的矢かきを全10品の味で堪能できる10〜3月限定のフルコース。5〜8月には的矢かき夏会席も。ともに要予約

ふくよかな身が絶品
的矢かき
プランクトン豊富な的矢湾で佐藤養殖場が唯一生産。紫外線殺菌海水浄化法で生食も安心。

いかだ荘山上
いかだそうさんじょう
的矢湾周辺 **MAP** 付録P.16 B-1
的矢湾を見下ろす入り江の高台にある、的矢かき料理の元祖の宿。佐藤養殖場（P.117）直送の新鮮な殻付カキを使った料理のあとには、眺望自慢の日帰り入浴も可能だ。

☎0599-57-2035
所志摩市磯部町的矢883-12
営11:00〜13:00（最終入館）17:30〜19:00（最終入館）
休不定休 交近鉄・志摩磯部駅から車で15分（志摩磯部駅から送迎あり、要予約）Ｐあり（30台）

和風グラタン仕立ての牡蠣伝法焼はオリジナルの味

的矢かきの握り寿しは珍しい逸品

的矢湾が一望できる食事処。カキに合うワインも充実

佐藤養殖場の始祖・佐藤忠勇氏のすすめで創業した創業60年を超える老舗

料理長自慢の約13種の的矢かき料理

的矢かき味覚コース 7000円
11〜3月の真カキ限定のコース。前菜からご飯まですべて的矢かきを使い、生、焼き、蒸しなど多彩な美味を揃える。要予約

日帰り利用でも、的矢湾一望の広い客室で食事が楽しめる

旅館 橘
りょかん たちばな
的矢湾周辺 **MAP** 付録P.16 C-1
的矢かきを楽しめる料理旅館。部屋食でゆっくり堪能できるコース料理をはじめ、併設レストランで気軽に味わえる的矢かきのランチも人気。

☎0599-57-2731
所志摩市磯部町的矢310
営11:30〜14:30 17:00〜21:00（最終入館19:00）、レストラン11:30〜15:00（LO13:30）休無休 交近鉄・志摩磯部駅から車で15分（志摩磯部駅から送迎あり、要予約）Ｐあり（30台）

旬ごとの志摩の味覚を目当てに訪れるリピーター客が多い

多彩な料理に変身
伊勢エビ

志摩半島を中心に漁獲され5～9月は禁漁期。甘みが強く、プリッと弾力のある身が特徴。

網元の店 八代

<ruby>網元<rt>あみもと</rt></ruby>の<ruby>店<rt>みせ</rt></ruby> <ruby>八代<rt>やしろ</rt></ruby>

浜島周辺 **MAP** 付録P.14A-2

地元の網元八代丸が経営。その日に獲れた地魚を使った、鮮度抜群のおいしさに定評がある。名物・伊勢海老丼ほか市場に出ない珍しい魚介料理もぜひ味わいたい。

☎0599-53-0606
㊟志摩市浜島町浜島 ⏰11:00～14:00 17:00～20:00(売り切れ次第終了) 🈲水曜、第1木曜 🚃近鉄・鵜方駅から三重交通バス・宿浦行きで19分、朝日山下車、徒歩10分 🅿あり(3台)

伊勢海老大漁丼 3500円
丼の上でまだ触覚が動くほど新鮮な伊勢エビの活造りがまるごと1尾。約4種の旬の刺身ものる10～4月限定の味。仕入れにより提供できない場合もあるので事前に問い合わせを

活造りで味わう豪快な伊勢エビ丼

↑店内にはカウンターと座敷席があり、落ち着いた雰囲気

↑網元ならではの味と値段で伊勢エビ料理が楽しめる一軒

↑アッパ貝(ヒオウギ貝)の焼き貝800円

↑10種以上の旬の刺身がのる特上大漁丼。昼2400円、夜2900円

↑伊勢海老大漁丼にはお頭を使った味噌汁も

124

舌に溶ける漁師の心! てこね寿司

タレに漬けたカツオと酢飯を手で混ぜた寿司は、
志摩の漁師が船上で食べたという郷土の味だ。

志摩の喰い処 磯っ子

しまのくいどころ いそっこ

鵜方周辺 **MAP** 付録P.17 E-1

酢飯でちらし風に味わう
魚のてこね寿司

地元の旬の素材にこだわる海鮮料理
店。自慢のてこね寿司も、志摩産の
魚を使うなど冷凍ものは一切不使用。
焼き貝や造りなどが付くセットメニ
ューが豊富だ。

☎0599-43-4511
🏠志摩市阿児町鵜方1998-12　🕐11:00〜
14:00(LO13:45)17:00〜21:00(LO20:40)
🈺月曜　🚃近鉄・鵜方駅からすぐ
🅿あり(15台)

⬆1階はくつろげる座敷席、2
階はテーブル席。10〜5月は伊
勢エビも味わえる

⬆鵜方駅から
すぐの好立地。
定食スタイル
は地元客にも
人気だ

手こね寿司 1490円
漬けダレをかけた酢飯に
カツオやエビ、甘酢しょう
が、錦糸玉子がのる。小鉢、
赤だし付き

　カツオ節の一大生産地だった志摩の波切で、和食の伝統を見学。

一流シェフも訪れる人気ツアー

かつおの天ぱく
鰹いぶし小屋

かつおのてんぱく かつおいぶしごや

昔ながらの製法で作られる「波切節」を
通じ、日本の食文化を伝えるツアーを
開催。自然と共生する日本の伝統、試
飲や試食で味わえる濃厚なカツオ節の
旨みなど、和食の原点にふれられる。

前島半島周辺 **MAP** 付録P.15 F-3

☎080-2612-3801　🏠志摩市大王町波切393　🕐
11:00〜12:00 14:00〜15:00(季節により異なる、
完全予約制)　🈺水・日曜、8月12〜16日、12月1
日〜1月10日　💴2500円、中学生1800円、小学生
1200円　🚃近鉄・鵜方駅から車で25分　🅿あり

⬆一本一本カツオを燻す古式の製法が間近で見学できる

⬆一歩足を踏み入れると濃厚
なカツオ節の香りに包まれる

➡観光客
のほか有
名シェフ
も訪れる

➡削りた
てのカツ
オ節の旨
みをおか
かご飯で
楽しめる

美味美景が待つごほうび宿

リゾートホテルの格別なおもてなし

美しい英虞湾の眺望とこだわりの食事。
穏やかな志摩の気候のなか心がほぐされるような宿を見つけたい。

森と海に抱かれた
魅惑のラグジュアリーリゾート

志摩観光ホテル ザ ベイスイート

しまかんこうホテル ザ ベイスイート

賢島周辺 **MAP** 付録P.17 E-4

すべての部屋が100㎡以上のスイートルーム。季節の食材を生かした「海の幸フランス料理」や自然や文化体験にふれるアクティビティを用意し、おもてなしが随所に光る。G7伊勢志摩サミットの開催ホテルとしても知られる。

☎0599-43-1211
所志摩市阿児町神明731 交近鉄・賢島駅から車で3分(賢島駅から送迎あり、要予約) Pあり(49台) in15:00 out12:00 室50室 予割1泊2食付5万8000円～

**伝統を紡ぎながら
進化する美食**

総料理長・樋口宏江の繊細な感覚が光る「海の幸フランス料理」は、ホテル伝統の料理に地元食材の輝きが加わったガストロノミーを感じる品々。

1.英虞湾の美しい景観を望む賢島に建つ、全室スイートルームのホテル 2.美しく広がりのある景色を楽しめるコーナースイート 3.オールハンドの施術が人気のスパトリートメント 4.最上階にあるゲストラウンジで極上のひとときを

英虞湾の絶景が楽しめる
滞在型の美食空間

THE HIRAMATSU HOTELS & RESORTS 賢島

ザ ヒラマツ ホテルズ & リゾーツ かしこじま

賢島周辺 **MAP** 付録P.14 C-1

レストランなどを展開するひらまつが手がける全8室のスモールラグジュアリーホテル。ここでしか味わえない土地の恵みを生かしたフランス料理と温泉が楽しめる。賢島の海水を利用したタラソスパも人気。

☎0599-65-7001
所志摩市阿児町鵜方3618-52 交近鉄・鵜方駅から車で5分 Pあり(8台) in15:00 out11:00 室8室 予割1泊2食付7万300円～

**地産地消を基本に、
旬の食材を自由に調理**

フランス料理の調理法をベースに、ジャンルに捉われない発想が光る。地元の食材がシェフの技で感動の一皿に。

1.特別な日にもふさわしい個室ダイニング 2.別棟客室には半露天にもなる温泉風呂がある 3.木のぬくもりを生かしたツインルーム

何もしない贅沢な時間を
過ごす大人の隠れ家

汀渚 ばさら邸

ていしょ ばさらてい

賢島周辺 **MAP** 付録P.17 D-3

木々の間から英虞湾の青い海がのぞく隠れ家のような宿。5000坪の広い敷地に露天風呂付きの部屋が20室。タイプも異なる和モダンな部屋は、わが家のようなくつろぎを提供してくれる。地元の海の幸を豊富に使った創作料理も評判。

☎0599-46-1189
所志摩市阿児町鵜方3618-74 交近鉄・賢島駅から車で3分(賢島駅から無料送迎あり、要予約) Pあり(15台) in15:00 out11:00 室20室(全室禁煙) 予割1泊2食付4万3050円～

**四季折々のこだわり
「ばさら創作膳」**

魚の種類が豊富な伊勢の天然魚を、惜しみなく使った海鮮料理。地元でしか味わうことができない、本場の味に舌鼓。

1.貸切風呂の「天の鏡」。お風呂そのものが景色を見ることを意識して造られた作品だ 2.静かなたたずまいと格式の高さを感じさせる客室、杜の壱

異国情緒たっぷりに
温泉三昧の離島ステイ

はいふう

的矢湾周辺 **MAP** 付録P.5 E-2

出迎え専用船に乗って3分、ハート形の「わたかの島」にある離島の温泉リゾート。客室に備えられた露天風呂のほか、庭園露天風呂、貸切露天風呂、足湯などさまざまに自家源泉の療養泉を満喫できる。海の幸が盛りだくさんの創作和会席も絶品。

☎0599-57-2255
㊟志摩市磯部町渡鹿野524 ㊢近鉄・鵜方駅から車で15分、わたかの対岸から船で3分、下船すぐ(対岸から専用船の送迎あり、要連絡) ㋔あり(100台) ㏌15:00 ㋒11:00 ㋾21室(禁煙19室、喫煙2室) ㋩1泊2食付2万7650円〜

**ブランド食材を
和風フレンチで食す**

オープンキッチンスタイルで料理を楽しませてくれる、はいふう創作和会席。和と洋のいいところを融合させた伊勢エビやアワビ、フグなど旬の一皿が実に美味。

1.各部屋に備えられた露天風呂で海も空もほしいまま
2.特注の輸入家具を用いたこだわりのアジアンテイスト 3.薬草オイルの香るアーユルヴェーダのエステも体験できる 4.広々として落ち着いた庭園露天風呂には樽風呂や岩風呂がある

的矢湾の風と旬が満載の
オールインクルーシブリゾート

里創人 伊勢志摩倶楽部

リゾート いせしまくらぶ

的矢湾周辺 **MAP** 付録P.16 C-1

的矢湾の景色をどこからでも眺められる、リゾートホテル。2024年にリニューアルし、新たに運び湯による温泉を導入。海を望む開放的な大浴場で楽しめる。オールインクルーシブで、伊勢志摩の旬が味わえるのも魅力。

☎0599-57-2130
㊟志摩市磯部町的矢314 ㊢近鉄・志摩磯部駅から車で15分(志摩磯部駅から送迎あり、要予約) ㋔あり(36台) ㏌15:00 ㋒10:00 ㋾35室(全室禁煙) ㋩1泊2食付1万7050円〜

1.宿前にはプライベートビーチが広がり、散策におすすめ 2.ウェルネスルームの壁紙とカーテンはマイナスイオンを発生 3.露天のジャクジーからの眺めは最高

英虞湾の紺碧の海に映える
白壁の南欧風リゾートホテル

都リゾート 志摩
ベイサイドテラス

みやこリゾート しま ベイサイドテラス

賢島周辺 **MAP** 付録P.17 D-3

スパニッシュスタイルのホテルやヴィラが立ち並び、南欧リゾートの雰囲気が漂う。レンタサイクルやテニスなど、アクティビティも充実。自分のスタイルに合わせた滞在が楽しめる。

☎0599-43-7211
㊟志摩市阿児町鵜方3618-33 ㊢近鉄・賢島駅から車で7分(賢島駅から無料シャトルバスあり) ㋔あり(60台) ㏌15:00 ㋒11:00 ㋾108室 ㋩1泊2食付2万1500円〜

**四季折々で
メニューが変わる**

フランス料理、和食のほか、季節によってはBBQレストランも営業。伊勢エビや松阪牛を堪能できるプランなど、豊富なプランから選べる。

1.英虞湾の緑のなかにひときわまぶしい白亜のホテル 2.リゾート感満載の明るい内装の客室が人気 3.スーペリアツインのみ、朝食をルームサービスで楽しめる 4.オーシャンビューのテラスから見える夕日

日本の夕陽百選の景色と
本場の伊勢エビを堪能する

プレミアリゾート夕雅
伊勢志摩

プレミアリゾート ゆうが いせしま

浜島周辺 **MAP** 付録P.14 A-2

眺望風呂付きやテラス付き客室のほか、標準客室も全室オーシャンビューで、大海原の眺めを眼下にくつろげる。伊勢エビの本場、浜島ならではの料理は絶品。

☎0599-53-1551
㊟志摩市浜島町浜島1645 ㊢近鉄・鵜方駅から車で20分(鵜方駅から送迎あり、要予約) ㋔あり(60台) ㏌15:00 ㋒10:30 ㋾86室(全室喫煙) ㋩1泊2食付1万3150円〜

1.各階の展望ラウンジは抜群の見晴らし 2.夕暮れどきはゆったりカフェで。生ビールも味わえる 3.露天風呂から見る夕景は最高

アクティビティ&体験メニュー充実のリゾートへ
自然・文化とふれあうステイ

充実したプログラムが揃うリゾートで英虞湾をはじめ、志摩の風土と歴史を五感で味わってみたい。

↑都会の喧騒から離れた非日常空間で過ごしたい

志摩●泊まる

美食、自然、温泉に癒やされる大人のリゾート

NEMU RESORT
ネム リゾート

浜島周辺
MAP 付録P.14 B-2

英虞湾を望む森と海に囲まれたリゾート施設。宿泊施設のほか、ゴルフ場やマリーナを併設。都会の喧騒から離れた豊かな自然のなかで、温泉や美食、自然と親しめる体験など、満ち足りた時間が過ごせる。

☎0599-52-1211
所志摩市浜島町迫子2692-3
交近鉄・賢島駅から車で20分(送迎バスあり、要予約)
Pあり(124台) in15:00
out11:00 室68室
予約1泊2食付2万4310円～

↑インストラクターによる「朝Rela」は人気のプログラム

↑焼きマシュマロを片手に焚き火を囲みコーヒータイム

↑大地、海、森といった伊勢・志摩の自然を恵みの湯で巡る

ENJOYABLE EXPERIENCE
主なお楽しみ体験
- 朝Rela 7:00～8:00、500円
- 焚き火カフェ 20:00～22:00、無料
- 絶景!宵空感動体験 夕刻、無料※開催は冬期のみ
- NEMU GOLF CLUB 料金は要問合せ
※そのほか、SUPやシーカヤック、スターウォッチングなどもあり

太陽と海を全身で感じて地中海リゾートを体験

志摩地中海村
しまちゅうかいむら

浜島周辺
MAP 付録P.17 D-4

1万坪の広大な敷地に広がる別荘スタイルのリゾートホテル。白壁のヴィラ滞在やクラフト体験、お手軽なフィッシング、英虞湾のクルージングなど、魅力満載のリゾートが余すところなく楽しめる。

☎0599-52-1226
所志摩市浜島町迫子2619-1
交近鉄・鵜方駅から車で15分(鵜方駅から送迎あり、要予約) Pあり(180台)
in15:00 out11:00
室53室(全室禁煙)
予約1泊2食付1万6100円～

ENJOYABLE EXPERIENCE
主なお楽しみ体験
- 英虞湾クルージング
デイクルージング(25分周遊)1800円、10:00～16:00の毎時00分出航(夏期は17:00も出航)。サンセットクルージング(50分周遊)2400円、出航時間は日没時間に合わせて変動
- 桟橋フィッシング
2時間1320円(貸し釣竿1本、エサ代込み)
- クラフト工房「レクエルドス」
9:00～18:00(受付は～17:00)、タイルコースター制作(60分)1320円。※料金、所要時間はメニューにより異なる

↑モザイクタイルを使ったクラフト体験

↑桟橋や釣り筏で釣りに挑戦したい

↑地中海のような街並みの敷地内は、夜景も雰囲気満点

↑美しい英虞湾をプライベートクルーズ感覚で巡る

星降る夜空がもてなす宿

星空テラスと独創的な料理に心も体も喜ぶしあわせの宿
美食の隠れ家 プロヴァンス
びしょくのかくれが プロヴァンス

賢島周辺 **MAP** 付録P.17 F-3

美食を追求したもてなしが光る宿。志摩の食材を知り尽くした地元出身の料理長による創作料理が絶品と評判。星空テラスでは、ナビゲート付きの本格的な天体観測も体験できる。

☎0599-46-0001
所志摩市阿児町神明660
交近鉄・神明駅から徒歩1分 Pあり(35台)
in15:00 out10:00 室24室(全室禁煙) 予約1泊2食付1万9500円～

1.星空が楽しめるテラスは2階に。SDカードを持参すれば天体写真ももらえる 2.夜空が見える露天風呂やシルキーバスで肌をやさしく癒やしたい 3.オーダーメイドの家具と温かみのある客室 4.美しいプロヴァンス流の創作海鮮料理 5.こだわりの朝食も絶品

128

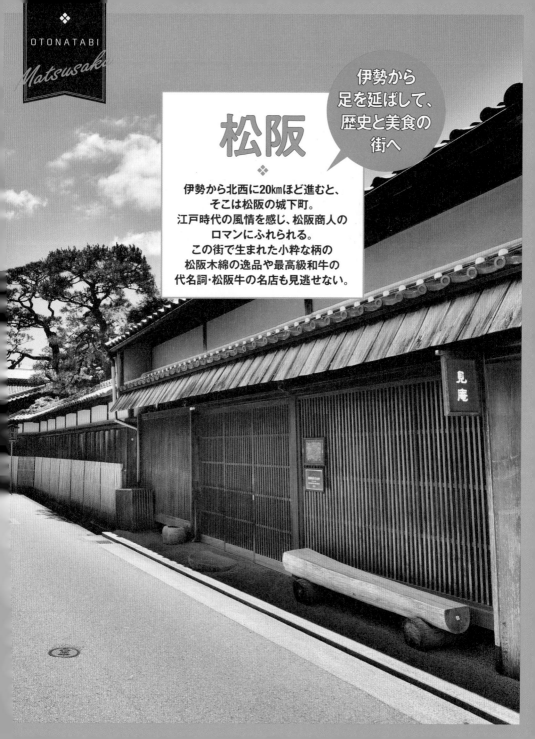

松阪

伊勢から
足を延ばして、
歴史と美食の
街へ

伊勢から北西に20kmほど進むと、
そこは松阪の城下町。
江戸時代の風情を感じ、松阪商人の
ロマンにふれられる。
この街で生まれた小粋な柄の
松阪木綿の逸品や最高級和牛の
代名詞・松阪牛の名店も見逃せない。

見庵

歴史・文化・産業・食が
凝縮した蒲生氏の城下町

松阪牛で有名な松阪の歴史は古く、国内最古の土偶が出土したことでも知られる。天正16年(1588)に蒲生氏郷が松坂城を築城、伊勢街道を城下町に取り込んだことで商業が発展。城下町風情を残す街角に残る、国内有数の豪商の商家が見学でき、素朴な美しさが近年再注目されている。松阪もめんの手織り体験(P.134)などもおすすめ。

交通 information

電車 JR／近鉄・伊勢市駅からJR快速みえで20分、または近鉄特急で12分
車 伊勢自動車道・松阪ICから8km、または伊勢市街から県道37号経由で20km

・城壁が見守る歴史ある商都を歩く

松阪さんぽ
まつさか

戦国時代末期、猛将が礎を築いた城下町は、やがて太平の江戸時代に日本有数の商都として花開いた。今も街角にはその歴史の面影が残されている。

1 時空を超えて江戸時代へ

御城番屋敷
ごじょうばんやしき

MAP 付録P.18 C-3

江戸時代末期、松坂城の御城番として紀州藩から遣わされた藩士たちが居住した組屋敷。当時の姿を色濃く残し、人が住むことで維持管理に努めている全国的にもたいへん珍しい歴史的遺構。2004年には「旧松坂御城番長屋」として、国の重要文化財に指定された。

☎0598-26-5174 所松阪市殿町1385 開10:00～16:00 休月曜(祝日の場合は翌日) 料無料 交JR／近鉄・松阪駅から徒歩14分 Pあり(松阪市駐車場)

↑松阪城内の土蔵のうちの1棟とされる

注目ポイント

西棟北端の1軒で内部を公開

築140年を超える組屋敷の遺構。公開されている建物は1990年に市が借り受け、内部を創建時の姿に復元。

↑質素だが、武家屋敷の風格が漂う

↑平屋で瓦葺き。玄関には上り框(あがりかまち)がある

2 そびえ立つ石垣から市内を一望

松坂城跡
まつさかじょうあと

MAP 付録P.18 B-2

天正16年(1588)に戦国武将・蒲生氏郷によって築城。豪壮な石垣が今なお堂々とした姿で出迎えてくれる。城跡内にある本居宣長記念館や歴史民俗資料館、隣接する御城番屋敷が見どころとなっている。

☎0598-23-7771(松阪駅観光情報センター) 所松阪市殿町 開休料見学自由 交JR／近鉄・松阪駅から徒歩20分 Pあり(松阪市駐車場)

↑日本城郭協会選定による「日本百名城」のひとつ

↑整然と敷き詰められた石畳と美しく刈り込まれたマキの生垣。侍が現れそう

↑石垣の上からは市内を一望でき素晴らしい眺め

↑本居宣長旧宅・鈴屋(見学は有料)に続く門

松阪大橋

津駅／一志駅方面

伊勢中川駅方面

P.132 牛銀本店 Ｒ

4 旧小津清左衛門家
（旧松阪商人の館）

三井家発祥地

岡寺前

JR紀勢本線・名松線

松阪市立
歴史民俗資料館

本居宣長旧宅跡

旧長谷川宅邸

斎宮

3

松阪市役所

殿町

本町

和田金 Ｒ
P.132

殿町東

松阪市観光
情報センター

松阪市
駐車場

市役所前

市民病院前

松阪もめん
手織りセンター ★
P.134

常泉寺 卍

養泉寺 卍

清光寺 卍

松阪駅 Ｒ

START &
GOAL

松阪駅前

多気駅

中町

2 松坂城跡

本居宣長記念館 ★ P.131

原田二
旧宅

本覚寺 卍

松阪駅前 ❒

ベルタウン

本居宣長ノ宮

日野町

きものの八幡屋 P.131

御城番屋敷 1

新町

開暦寺 卍

樹敬寺 卍

P.133
Ｒ ビーフクラブノエル

松阪神社

洋食亭 牛銀 Ｒ
P.133（仮店舗）

松阪工高

樹敬寺 卍

P.133

本居宣長・春庭墓

湊町

竜泉寺 卍

平生町

愛宕町西

常教寺 卍

来迎寺 卍

五十鈴公園

N

0   200m

さんぽの目安 ◆ 約2時間

さんぽコース

| 松阪駅 | 徒歩15分 | 1 御城番屋敷 | 徒歩4分 | 2 松坂城跡 | 徒歩1分 | 3 松阪市立歴史民俗資料館 | 徒歩7分 | 4 旧小津清左衛門家（旧松阪商人の館） | 徒歩13分 | 松阪駅 |

松阪 さんぽ

松阪生まれの国学者・本居宣長

日本を代表する江戸時代の国学者。賀茂真淵を師と仰ぎ、解読不能となっていた『古事記』の研究に没頭。35年もの歳月を費やし、国学の源流となる『古事記伝』を著した。王朝文学に強い憧れを持ち『源氏物語』を愛読。「もののあはれ」こそが日本文学の本質であると唱えた。

本居宣長記念館
もとおりのりながきねんかん

MAP 付録 P.18 B-3

☎0598-21-0312　🏠松阪市殿町1536-7　🕐9:00〜16:30　🚫月曜（祝日の場合は翌平日）　💴400円、大学生等300円、子供200円　🚃JR／近鉄・松阪駅から徒歩15分　🅿あり（15台）

→『古事記伝』などの自筆原稿や遺品、自画像などを展示。宣長の旧宅「鈴屋」も公開

4 松阪屈指の豪商小津邸を資料館として公開

旧小津清左衛門家
（旧松阪商人の館）
きゅうおづせいざえもんけ（きゅうまつさかしょうにんのやかた）

MAP 付録 P.18 C-1

江戸でいちばんの紙問屋であった豪商・小津清左衛門の本宅。母屋や2つの土蔵、観応2年（1351）の石灯籠などが残る。展示品のなかには千両箱ならぬ万両箱もある。

☎0598-21-4331　🏠松阪市本町2195　🕐9:00〜17:00（入館は〜16:30）　🚫水曜（祝日の場合は開館）　💴200円、6〜18歳100円　🚃JR／近鉄・松阪駅から徒歩10分　🅿あり（松阪市駐車場）

↩17世紀末に参宮街道沿いに建てられたうだつと万両箱のある家（右）。外観は質素ながら店内は広く、20以上の部屋がある（左）

---

3 松坂城跡の一角にある民俗資料館

松阪市立
歴史民俗資料館
まつさかしりつれきしみんぞくしりょうかん

MAP 付録 P.18 B-2

明治45年（1912）建設の旧飯南郡立図書館が、昭和53年（1978）から歴史民俗資料館として開館。「松坂城と蒲生氏郷」や「松阪木綿」の常設展示に加え、2階は映画監督・小津安二郎の記念館になっている。

☎0598-23-2381　🏠松阪市殿町1539　🕐9:00〜16:30（10〜3月は〜16:00）　🚫月曜（祝日の場合は開館、祝日の翌平日）　💴150円、小・中学・高校生70円　🚃JR／近鉄・松阪駅から徒歩15分　🅿あり（松阪市駐車場）

←近代伝統的和風建築で国の登録有形文化財

↑参宮街道沿いの薬種商・桜井家の店先と煙草入の看板

着物をレンタルしよう　きものの八幡屋
きもののやわたや

松阪もめんの着物で街歩き

MAP 付録 P.19 D-3

創業115年以上の老舗、きものの八幡屋が、松阪もめんの着物レンタルを行っている。洋服の上からでもOKで、S〜Lまでサイズも豊富。男性用もある。

☎0598-21-0551　🏠松阪市日野町589-1　🕐10:00〜19:00　🚫木曜　💴レンタル3時間3000円（男女共）　🚃JR／近鉄・松阪駅から徒歩5分　🅿あり（6台）

↑3〜5分で着付け終了

予約 望ましい
予算 ⒧Ⓓ 1万1220円〜

寿き焼梅コース 1万5400円
（2名より可）
上質な菊炭と重厚な鉄鍋で、やや厚めの松阪牛に砂糖とたまり醤油、昆布だし少々を絡め、ていねいに焼き上げる

和田金
わだきん

MAP 付録P.19 D-2

松阪肉元祖の老舗で味わうすき焼は至高の芸術品

肉の芸術品と讃えられる松阪牛。そのすき焼スタイルを確立したのが「和田金」だ。広大な自社牧場で丹念に肥育し、松阪牛の品質と認知度アップに貢献。文学作品にも登場する屈指の名店である。

↑自社牧場で丹念に育てた松阪牛の旨みが凝縮した極上の霜降り肉

☎0598-21-1188（代表）
所松阪市中町1878 営11:30（土・日曜、祝日11:00）〜最終入店19:00 休第4火曜（月により変動）交JR／近鉄・松阪駅から徒歩8分 Pあり（50台）

↑明治11年（1878）の創業以来、140余年。1階の販売店舗ではおみやげも

↑ベテランの仲居が焼いてくれるので、絶妙な焼き加減

最高級和牛の真価が輝く伝統の味、すき焼

老舗の真価を知る

最高峰の和牛として名高い松阪牛。発祥からブランド化へ、歴史とともに歩む名店の味を食す。

牛銀本店
ぎゅうぎんほんてん

予約 要
予算 ⒧Ⓓ 1万円〜

MAP 付録P.18 C-1

松阪牛の真髄を究めた創業から変わらない味がここに

豪商長谷川邸や本居宣長の旧宅跡が残る江戸情緒豊かな魚町で、明治35年（1902）に創業。「牛鍋と牛飯一銭五厘」の垂れ幕を掲げ、牛肉料理のおいしさを世間に広めた。肉の甘みとやわらかさはほかでは味わえない。

☎0598-21-0404（代表）
所松阪市魚町1618 営11:00〜20:00（LO19:00）休不定休（HPを要確認）交JR／近鉄・松阪駅から徒歩15分 Pあり（40台）

↑本居宣長の旧宅があった魚町に建つ。店舗は風格ある昭和初期の建築（上）仲居が鮮やかな手つきで白砂糖と醤油を加えてくれる（下）

↓座敷で円卓を囲み、仲居との会話を楽しむのも一興

魚町コース 1万2000円（2名より可）
厳選された極上の松阪牛のほか、野菜、しぐれ煮、そぼろ煮、ご飯、香の物、水菓子などが付く人気のコース

どんな調理でも変わらぬ美味!

松阪牛の多彩なる世界

本場で松阪牛の豊かな味わいを気軽に楽しみたい、そんな贅沢な願いを叶えてくれる人気店を訪ねる。

ハンバーグ
2420円
デミグラスソースがたっぷりかかった松阪牛100%のハンバーグ。俵形に丸められ、厚みがあって中身がぎっしり

一升びん本店

いっしょうびんほんてん

MAP 付録P.19 E-4

➡ 松阪牛を気軽に味わえる人気の焼肉店

最上の焼肉を求める客も唸る 和牛最高峰・松阪牛A5の焼肉

焼肉として通常は提供されない松阪牛「A5」が食べられる。一頭買いでリーズナブルな値段を実現。秘伝の自家製味噌ダレが肉の味を引き立てる。

☎0598-26-4457
所松阪市南町232-3
営11:00~21:30(LO21:00)
休無休 交JR／近鉄・松阪駅から徒歩15分
Pあり(80台)

松阪牛 A5セット
1人前6600円
カルビやロース、ホルモンなどさまざまな部位が味わえる人気セット(写真は2人前)

洋食屋 牛銀

ようしょくやぎゅうぎん

MAP 付録P.19 D-3

厳選された極上の松阪牛を 気取らずカジュアルに提供

一人でも気軽に立ち寄れる懐かしくてハイカラな洋食屋。松阪牛サーロインステーキ定食6820円をはじめ、松阪牛焼肉定食2860円や、松阪牛ミンチカツバーガー1980円などが人気。

☎0598-26-7023
所松阪市新町865-3(改装のため仮店舗)
営11:00~19:30(LO18:30)
休不定休(HPを要確認) 交JR／近鉄・松阪駅から徒歩10分
Pあり(40台・牛銀本店と共用)

➡ カジュアルなスタイルの洋食屋。一人でもOK

ビーフクラブ ノエル

MAP 付録P.19 E-3

精肉店直営で手ごろな値段の 本格ステーキ専門店

「丸幸精肉店」が経営する松阪肉のステーキハウス。ファミリーでも食べに行けるアットホームな店だ。肉の価格は仕入れの状況や品質によって異なるため、問い合わせを。

☎0598-26-6410
所松阪市京町25
営11:30~14:15(LO13:30) 土・日曜、祝日は~14:45(LO14:00)
休木曜、第1・3水曜 交JR／近鉄・松阪駅から徒歩5分
Pあり(10台)

➡ 仏語でクリスマスを意味する「ノエル」はシェフの誕生日にちなんで

➡ こぢんまりとした店内はカウンターとテーブル席のシックで落ち着いた空間

松阪ロースステーキランチ
100g 5000円
コクと甘みがあり、ほどよい焼き色が食欲をそそる。150gは6500円、200gは8000円

133

歴史

名だたる豪商を輩出した、伊勢きっての商人の街・松阪の誕生史

城下町・松阪の歴史

戦国武将の蒲生氏郷が基礎をつくり上げた松阪商人文化。
やがて江戸へと進出した松阪商人の大躍進を後押ししたのは、特産の松阪木綿だった。

松阪●歴史

蒲生氏郷が松坂城を築き、街を整備

伊勢・松ヶ島城の城主だった戦国武将の蒲生氏郷が、よりよい土地を求めて天正16年(1588)、四五百森の丘に城を移したのが松阪の街の始まりだ。氏郷は松坂城を造営し、松ヶ島から武士や町人たちを移住させて城下町を築いていった。街の発展のため、さまざまな商業振興策にも取り組んだ。武士と町人の居住地を区分して武家町での商業活動を禁止し、楽市楽座により商人に自由な商売を奨励。町人と職人の住居は業種別にまとめられ、商売や技術を競わせた。現在の魚町や白粉町などの町名はその名残だ。伊勢神宮に至る参宮街道を街に引き入れ、街道沿いに商人町、裏道には職人町を配置。往来する参詣客や物資が街の経済を潤し、町人町が武家町を規模で圧倒するようになる。

↑江戸時代の武家屋敷を復元整備した、原田二郎旧宅

蒲生氏郷は天正19年(1591)に会津若松へ転封となり、のちに藩主は次々と入れ替わる。江戸時代になると、元和5年(1619)に松阪を紀州藩領に組み込まれ、城主不在となってさらに商業が活発化していった。城下町といっても、本城から離れた松阪には藩政が及びにくく、自由な経済活動がしやすい環境下にあった。

↑天守は正保元年(1644)の台風で倒壊し、天守台のみが残された

信長に見出された猛将・蒲生氏郷

蒲生氏郷は弘治2年(1556)近江日野に生まれ、織田信長、豊臣秀吉に仕え武功を立てた戦国武将。信長は幼少の氏郷を見て才能を見抜き、娘の冬姫の婿とした。合戦では「銀鯰尾兜」を身につけ活躍し、また茶道に深い造詣を持つ文化人でもあった。商都の礎を築いた彼を讃え、松阪市では毎年11月3日に「氏郷まつり」が開催される。

↑氏郷まつりでは、特徴的な兜の蒲生氏郷を中心にした武者行列が松阪の市街を練り歩く

松阪木綿で財を成した松阪商人

江戸時代に商業都市として栄えた松阪では、巨額の富を築いて名声を得た豪商が次々に生まれた。三越の前身・三井家の越後屋も武士から転身して豪商となっている。松阪の豪商たちはさらなる成功を求めて、江戸へ次々に進出。江戸店と呼ばれる支店を構えた。

この松阪商人の江戸進出の原動力となったのが松阪木綿だ。松阪では古くから織物や綿花栽培が盛んで、織物の品質の良さと粋なデザインが江戸っ子の間で評判となる。呉服商の越後屋は、それまでの得意先まわりでの販売から店頭販売に切り替え、現金掛け値なしにするなどの画期的な商法を取り入れて大躍進。松阪木綿を江戸中に広め、江戸随一の大商人と謳われた。江戸時代以降にも、日本経済の一翼を担う「大商人」が松阪から数多く輩出されている。

↑三井家発祥地(上)と旧長谷川邸(下)。三井家、長谷川家は松阪商人の代表的な商家

松阪もめん手織りセンター

まつさかもめんておりせんたー
MAP 付録P.18 C-1

江戸時代、倹約令の出されるなか、「松阪嶋」と呼ばれて江戸っ子に愛された松阪もめんの手織り体験ができる。松阪もめんを使ったシャツやワンピース、バッグ、アクセサリーなども販売。

☎0598-26-6355 ㊿松阪市本町2176 松阪市産業振興センター1F ㊙9:00～17:00 ㊡火曜(祝日の場合は翌日) ㊥入場無料、織機体験1300円～ ㊧JR／近鉄・松阪駅から徒歩12分 Ⓟあり(30台)

↑丹念に織り上げられた松阪もめんの名刺入れ各1320円

↑ミニ巾着各990円。貴重品や小物を入れるのに便利

↑機織りの奥深さと布ができあがる達成感が味わえる織姫体験は1時間1300円

アクセスと交通

❖

自然豊かな観光地として古くから
親しまれてきた伊勢・志摩・鳥羽一帯。
今日までに整備されてきた
交通網を活用し、日本屈指の
リゾートエリアを快適に巡りたい。

美しい海岸と
緑が広がる
志摩半島へ

伊勢・志摩・鳥羽へのアクセス

伊勢・志摩・鳥羽の旅は、最初に伊勢に入り、そこから東の鳥羽、次に南の志摩と順に進むか、伊勢から南東に進んで志摩を目指すことになる。まずは伊勢へのアクセスをチェックしたい。

周辺都市を起点にアクセス

● 名古屋または大阪を経由する

　伊勢・志摩・鳥羽のある三重県は新幹線が通っておらず、また空港もないため、遠方から訪れる場合は新幹線や飛行機で直行することはできない。そのため、東海地方と近畿地方それぞれの交通の要衝である名古屋か大阪を経由するのが一般的だ。どちらからも近鉄線の特急列車一本で伊勢市駅にアクセスできる（名古屋からなら、JR快速「みえ」も利用できる）。なお、東京から名古屋までは新幹線「のぞみ」で約1時間40分、博多から大阪までは「のぞみ」で約2時間50分なので、スケジューリングの際は参考にしたい。また、本数は少ないものの京都駅から伊勢市駅方面の近鉄特急もある。

　車の場合は、名古屋方面からは東名阪自動車道と伊勢自動車道（伊勢関ICから）でアクセス。大阪の場合は名神高速道路と新名神高速道路を経由し亀山JCTから東名阪自動車道に入るか、もしくは名阪国道などを経由し、伊勢自動車道（伊勢関ICから）でアクセスすることになる。

主要交通機関問い合わせ先
近鉄電車テレフォンセンター ☎050-3536-3957
JR東海テレフォンセンター ☎050-3772-3910
JR西日本お客様センター ☎0570-00-2486

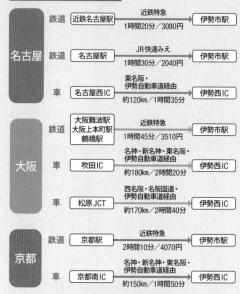

伊勢への主なアクセス

名古屋			
鉄道	近鉄名古屋駅	近鉄特急 1時間20分／3080円	伊勢市駅
鉄道	名古屋駅	JR快速みえ 1時間30分／2040円	伊勢市駅
車	名古屋西IC	東名阪・伊勢自動車道経由 約120km／1時間35分	伊勢西IC

大阪			
鉄道	大阪難波駅 大阪上本町駅 鶴橋駅	近鉄特急 1時間45分／3510円	伊勢市駅
車	吹田IC	名神・新名神・東名阪・伊勢自動車道経由 約180km／2時間20分	伊勢西IC
車	松原JCT	西名阪・名阪国道・伊勢自動車道経由 約170km／2時間40分	伊勢西IC

京都			
鉄道	京都駅	近鉄特急 2時間10分／4070円	伊勢市駅
車	京都南IC	名神・新名神・東名阪・伊勢自動車道経由 約150km／1時間50分	伊勢西IC

中部国際空港セントレア

愛知県常滑市の伊勢湾側の海上に浮かぶ人工島に建設された空港。名古屋中心部とは約40km離れているので、高速船を利用して三重県津市側へのアクセスが近道になる。

空港からのアクセス

鉄道
中部国際空港から名古屋駅まで名鉄空港特急「ミュースカイ」で約28分（1250円）。名古屋駅から伊勢市駅へ向かう。
名鉄お客様センター ☎052-582-5151

高速船利用
中部国際空港から津なぎさまちまで「津エアポートライン」で約45分（2980円）。下船後は津駅まで三重交通バスで約10分（230円）。津駅から伊勢市駅まで近鉄特急で約32分（1280円）、またはJR快速「みえ」で約40分（770円）。
津エアポートライン（予約専用）☎059-213-4111

関西国際空港

大阪湾南東部の泉州沖約5kmの海上を埋め立てた海上空港。大阪市街中心部とは約50km離れているが、電車や高速バスなど空港からのアクセス方法は充実している。

空港からのアクセス

鉄道
関西国際空港から鶴橋駅までJR特急「はるか」（天王寺駅で大阪環状線に乗り換え）で約40分（2370円）。鶴橋駅から伊勢市駅へ向かう。
JR西日本お客様センター ☎0570-00-2486

高速バス利用
関西国際空港から大阪上本町駅まで空港バスで約55分（1600円）。大阪上本町駅から伊勢市駅へ向かう。
近鉄バス（布施営業所）☎06-6781-3231
関西空港交通 ☎072-461-1374

旅のプランに合わせたお得な切符で伊勢・志摩・鳥羽にアクセス

伊勢・志摩・鳥羽エリアへのアクセスと観光に利用できるお得な切符が、各交通会社から発売されている。基本構成はエリアにアクセスするための往復乗車券・特急券（特急の場合）＋特典のセットとなっており、特典の内容は切符によってさまざまなので、自分の旅行日程や観光する範囲に合わせて最適なものを選びたい。

伊勢・鳥羽・志摩スーパーパスポート 「まわりゃんせ」

出発駅（近鉄の主要駅）から伊勢・鳥羽・志摩エリア（松阪駅～賢島駅）までの往復乗車券・特急券に、この一冊だけでさまざまな特典が受けられる。じっくり観光するつもりなら、ぜひ利用したい便利なパスポート。

○ 指定区間の近鉄電車乗り放題＋特急引換券4枚

伊勢・鳥羽・志摩エリアのフリー区間内（松阪駅～賢島駅）の近鉄電車が乗り放題。フリー区間用の特急引換券4枚も付き、区間内の移動時間を大幅に短縮できる。

○ 指定路線のバス、航路も乗り放題

伊勢・鳥羽・志摩エリアの指定区間の三重交通路線バス（CANばす含む）と鳥羽市かもめバス、志摩マリンレジャーのあご湾定期船、鳥羽市営定期船が、パスポートを見せるだけで乗り降り自由。エリア内の細かい移動でもお得になり、都度切符を買う手間も省ける。

○ 指定有料観光施設に入場・入館可能

鳥羽水族館や志摩スペイン村など、伊勢・鳥羽・志摩を代表する22の観光施設にパスポートを提示して入場・入館できる（各施設1回限り）。対象施設は下記のとおり。行く予定のスポットが対象に入っているなら、忘れずに利用してみよう。

伊勢 お伊勢まいり資料館／伊勢河崎商人館／

二見 賓日館

鳥羽 鳥羽水族館／ミキモト真珠島／

鳥羽湾めぐりとイルカ島／マコンデ美術館／

志摩 志摩スペイン村（パスポート）／

伊勢志摩温泉 志摩スペイン村「ひまわりの湯」／

志摩パークゴルフ場／

都リゾート 奥志摩 アクアフォレスト「アクアパレス」／

都リゾート 奥志摩 アクアフォレスト「ともやまの湯」／

賢島エスパーニャクルーズ／海ほおずき／

愛洲の館／伊勢現代美術館／

松阪 本居宣長記念館／旧長谷川治郎兵衛家／旧小津清左衛門家／斎宮歴史博物館／松阪市立歴史民俗資料館／文化財センターはにわ館

○ ほかにも便利な特典あり

オリックスレンタカー利用料金の約25％特別割引（貸出時に、伊勢志摩スカイライン通行料約30％割引クーポンも受け取れる）など、ほかにもさまざまな特典が付く。

有効期間・料金・問い合わせ

乗車開始日から4日間有効、1万1000円。乗車日の1カ月前から販売。※2024年の販売期間は2月10日～12月26日、利用期間は2月10日～12月29日（年度により異なる）

近鉄電車テレフォンセンター ☎050-3536-3957

伊勢神宮参拝きっぷ

出発駅（近鉄の主要駅）から伊勢・鳥羽・志摩エリア（松阪駅～賢島駅）までの往復乗車券・特急券に、伊勢神宮の参拝に便利な特典が付く。お伊勢参りをメインにした伊勢観光が目的の人におすすめだ。

○ 指定区間の近鉄電車乗り放題＋特急券引換券2枚

伊勢・鳥羽・志摩エリアのフリー区間内（松阪駅～賢島駅）の近鉄電車が乗り放題になる。フリー区間用の特急引換券が2枚付いてくるので、伊勢から鳥羽や志摩へも足をのばしたいときなどに使うと便利だ。

○ 指定路線のバスも乗り放題

伊勢・二見・朝熊エリアの指定区間の三重交通路線バス（CANばすの一部区間含む）がパスポートを見せるだけで乗り降り自由。伊勢神宮の外宮から内宮への移動はもちろん、伊勢市内の観光スポットをまわるのにも活用したい。

○ ほかにも便利な特典あり

オリックスレンタカー利用料金が約20％特別割引に。

有効期間・料金・問い合わせ

乗車開始日から3日間有効、関西発7100円、東海発6200円。乗車日の1カ月前から販売、前売限定販売。

近鉄電車テレフォンセンター ☎050-3536-3957

伊勢・鳥羽エリアフリーきっぷ

JRの伊勢・鳥羽エリア（松阪駅～鳥羽駅）までの快速「みえ」号（普通車自由席）の往復乗車券と、バス乗車券「みちくさきっぷ」の引換券のセット。河崎、二見や郊外など、伊勢の中心部以外もじっくり楽しみたい人向け。

○ 指定区間の快速・普通列車乗り放題（快速「みえ」含む）

松阪駅～鳥羽駅間のJR普通車自由席が乗り放題になる。特に列車がJRのみの二見周辺をまわるなら、お得に活用できる。

○ バス乗車券「みちくさきっぷ」の引換券

「伊勢鳥羽みちくさきっぷ・2日（2DAYS）」と引き換えできる引換券が付いてくるので、列車では行けない郊外のスポットへもアクセスできる。引換場所は伊勢市駅と鳥羽バスセンター。

有効期間・料金・問い合わせ

2日間有効で、名古屋市内発5300円。JR東海のきっぷうりばがある駅、サポートつき指定席券売機設置駅で発売。

JR東海テレフォンセンター ☎050-3772-3910

※情報は2024年1月現在のものです。 ※運賃は片道の金額を表示しています

伊勢・志摩・鳥羽周辺の交通

伊勢・志摩・鳥羽はJRや近鉄鳥羽線・志摩線で結ばれており、鳥羽・志摩間は近鉄志摩線のみ運行。
駅周辺でレンタカーを手配して、車でエリア内をまわるというプランを検討してもいい。

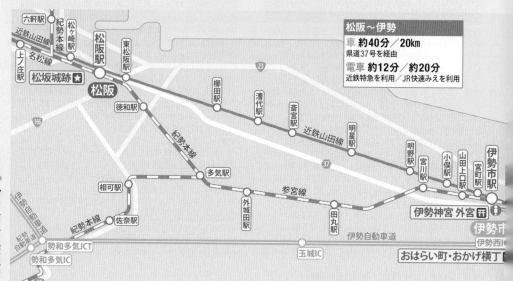

松阪～伊勢

車 約40分／20km
県道37号を経由

電車 約12分／約20分
近鉄特急を利用／JR快速みえを利用

レンタカー を利用するなら

主なレンタカー会社

レンタカー会社名	予約センター	営業所
オリックスレンタカー	☎ 0120-30-5543	伊勢・近鉄宇治山田駅店 ☎ 0596-28-0295 伊勢市駅前店 ☎ 0596-20-5543 近鉄鳥羽駅前店 ☎ 0599-25-3929 志摩・近鉄鵜方駅前店 ☎ 0599-43-1098
トヨタレンタカー	☎ 0800-7000-111	伊勢宇治山田駅前店 ☎ 0596-24-0100 伊勢店 ☎ 0596-23-0100 鳥羽駅前店 ☎ 0599-26-7100
タイムズカーレンタル	☎ 0120-00-5656	伊勢店 ☎ 0596-25-5668

レンタカー Q&A

Q.予約しなくても大丈夫？
A.空き車両があれば予約なしでも対応してもらえるが、繁忙期などは当日に希望の車両に空きがない可能性が高い。早めに予約しておくのが確実だ。

Q.貸し出した営業所で返さないといけない？
A.旅のプランによっては、借りた店舗以外で返すワンウェイ（乗り捨て）が利用できるものがよい。乗り捨てについての予約や、別途料金が必要な場合もあるので、利用の可・不可や条件は予約をする際に確認しておきたい。

Q.プランに含まれている免責補償料って？
A.利用者が事故を起こした場合、その修繕費の利用者負担を補償するための料金。

Q.ホテルへの配車や返車には対応してもらえる？
A.会社や店舗によって異なるので確認を。別途料金がかかることもある。

Q.運転者の交替はOK？
A.一般的には、出発時に交替する運転者の名前を伝えて、免許証を提示していれば可能。

ドライブ時の注意事項

①人気のドライブルートは混雑することも

伊勢志摩スカイラインやパールロードなど、景色も良く爽快なドライブルートがある伊勢・志摩・鳥羽。繁忙期にはドライブ目当ての旅行者も増えるので、移動時間を優先する場合はあえてほかのルートを選ぶ判断が必要なこともある。

②伊勢では交通規制が実施される

毎年の年末年始や一部の繁忙期には、伊勢神宮に多くの旅行者が殺到するので、渋滞を緩和するため伊勢西IC・伊勢ICで下りられなくなるなどの交通規制が行われる。車で伊勢に入りたい場合は事前に案内をチェックしておこう。

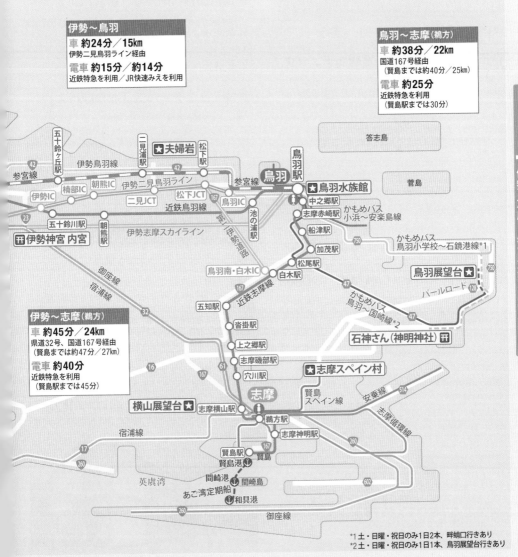

伊勢～鳥羽
車 **約24分**／15km
伊勢二見鳥羽ライン経由
電車 **約15分**／約14分
近鉄特急を利用／JR快速みえを利用

鳥羽～志摩（鵜方）
車 **約38分**／22km
国道167号経由
（賢島までは約40分／25km）
電車 **約25分**
近鉄特急を利用
（賢島駅までは30分）

伊勢～志摩（鵜方）
車 **約45分**／24km
県道32号、国道167号経由
（賢島までは約47分／27km）
電車 **約40分**
近鉄特急を利用
（賢島駅までは45分）

*1 土・日曜・祝日のみ1日2本、畔蛸口行きあり
*2 土・日曜・祝日のみ1日1本、鳥羽展望台行きあり

伊勢の交通

三重交通の路線バスが運行しており、主要な観光名所へはおおむねバスでアクセスできる。コミュニティバスや、観光スポットをまわる周遊バスもあるので、目的に合わせて使い分けたい。

路線バス

伊勢市駅を起点に各スポットへ運行

● 三重交通バス外宮内宮線をチェック

　伊勢市駅を起点に運行する路線バスのなかで、最も利用する機会が多く観光に重要なのが外宮内宮線。庁舎前を経由する55系統と、神宮徴古館前を経由する51系統があり、最重要スポットの伊勢神宮 外宮と内宮を結んで循環しているほか、猿田彦神社や神宮会館などの周辺スポットにも停車する。ただし伊勢神宮の参詣者が多く乗車するため、混雑しがちなことには注意。

主な区間	料金
伊勢市駅前・宇治山田駅前・外宮前～内宮前	470 円
五十鈴川駅前～内宮前	260 円
伊勢市駅前・宇治山田駅前・外宮前～猿田彦神社前	330 円
伊勢市駅前・宇治山田駅前・外宮前～神宮会館前	390 円
伊勢市駅前・宇治山田駅前・外宮前～神宮徴古館前	230 円
内宮前～神宮徴古館前	330 円

● 伊勢～鳥羽間を「CANばす」が周遊

　伊勢市駅前を9～16時台に毎時1本発着（宇治山田駅でも発着）する伊勢二見鳥羽周遊バス「CANばす」なら、外宮、伊勢神宮徴古館、内宮のあと二見、鳥羽方面までアクセスできる。

主な区間	料金
伊勢市駅前・宇治山田駅前・外宮前～内宮前	470 円
五十鈴川駅前～内宮前	260 円
内宮前～二見浦表参道	670 円
内宮前～夫婦岩東口	740 円
二見浦表参道～宇治山田駅前	440 円
内宮前～鳥羽水族館・ミキモト真珠島	910 円

> **伊勢鳥羽みちくさきっぷ**
> CANばすとフリー区間の三重交通路線バスが乗り放題になる1日フリーきっぷ1200円（2日1800円、フリー区間が一部異なる）を伊勢市駅前などの三重交通各きっぷ売り場や伊勢市観光協会外宮前案内所などで販売する。いくつかの観光施設で割引特典が受けられるのもお得だ。
> 三重交通バス 伊勢営業所 ☎0596-25-7131

● 浅熊山頂へ向かう「参宮バス」

　三重交通が「スカイラインルート」を運行。朝熊岳金剛證寺に向かう際には、ぜひ活用したい。

スカイラインルートの区間	料金
五十鈴川駅前～金剛證寺～山上広苑	800 円

● コミュニティバス「おかげバス」

　主に公共交通が不便な地域の住民のために、伊勢市が6路線で運行しているコミュニティバス。五十鈴川駅前から二見方面へ向かう二見線や松尾観音寺を通る鹿海・朝熊線、環状線は、観光する際のアクセスに使うこともできる。本数は多くはないが、1回の乗車運賃200円、1日乗車券400円と経済的なのも魅力的。
伊勢市交通政策課 ☎0596-21-5593

電車

近鉄とJRの2線が中心部を通る

　近鉄山田線・鳥羽線と、JR参宮線の2線が運行しており、どちらも伊勢市駅が主な玄関口となる。伊勢市駅が多くのバス路線の起点になっているので、エリア内をまわるのに電車はあまり利用する機会がないが、距離の離れた二見方面へ向かうならバスよりもJRを使ったほうが、本数も多く移動時間も短縮できる。また、伊勢市駅ほどではないが近鉄・宇治山田駅でも路線バスが発着しており、駅ナカに伊勢の名店が揃うショッピングモールもあるので覚えておきたい。

外宮～内宮間の交通は➡ P.28

志摩の交通

鵜方駅を起点にして、エリア内の各方面へ路線バスが運行しているのに加え、賢島港からは
あご湾定期船が運航している。使いこなせば、公共交通機関だけでも十分に観光できる。

路線バス

鵜方駅を起点にバス路線が各地へ延びる

鵜方駅を起点にして三重交通のバス路線がエリア内の各方面へ延びており、距離の離れた観光スポットへもバスでアクセスできる。鵜方を中心として、西の浜島方面に向かう宿浦線、北の志摩スペイン村に向かう賢島スペイン線、北東の安乗崎へ向かう安乗線、南東の大王崎を経由してから南の御座へ向かう御座線、国府、志島周辺を通って巡回する志島循環線が役に立つ。

三重交通バス 志摩営業所 ☎0599-55-0215

主な区間	料金
鵜方駅前～志摩スペイン村（賢島スペイン線）	450 円
鵜方駅前～国府（安乗線、志島循環線）	370 円
鵜方駅前～安乗（安乗線）	510 円
鵜方駅前～大王埼灯台（御座線）	510 円
鵜方駅前～和具（御座線）	840 円
鵜方駅前～御座港（御座線）	1050 円
鵜方駅前～浜島（宿浦線）	630 円

定期船

賢島を起点にして英虞湾を渡る

志摩マリンレジャーが運航する「あご湾定期船」は、賢島港から英虞湾を渡り、前島半島を結んでおり、これもアクセスに利用できる。前島半島へは陸路だとかなりの遠回りになってしまうため、英虞湾を渡ってショートカットしたほうが効率的。移動時間は陸路より大幅に短く、運賃も安上がりだ。船旅が好きなら乗船してみてもいい。

志摩マリンレジャー 賢島営業所 ☎0599-43-1023

区間（賢島～和具）	運賃
賢島～和具（25分）	800 円
賢島～間崎（10分）	400 円
間崎～和具（15分）	400 円

賢島発・和具行きは
7:10/8:10/9:50/10:45/12:40/14:50/15:45/16:40/17:30発の1日9便
和具発・賢島行きは
6:35/7:35/8:35/10:15/11:10/13:05/15:15/16:10/17:05発の1日9便

鳥羽の交通

観光スポットが海沿いに点在しているが、公共交通機関は路線の範囲が限定的なので、
特に東側の見どころへは車で移動したほうがいい。駅前でレンタカーを手配するようにしたい。

路線バス

「かもめバス」が運行

鳥羽市が運行する「かもめバス」が鳥羽駅からすぐの鳥羽バスセンターを起点に5路線運行している。鳥羽小学校～石鏡港線で本浦方面（初乗り200円、鳥羽バスセンターから海の博物館までは所要30～40分・500円）へ、鳥羽～国崎線で相差・国崎方面（初乗り200円、鳥羽バスセンターから石神さん（神明神社）まで34～49分・600円、国崎まで42～57分・600円）へアクセスすることができる。1時間に0～1本と本数は多くはなく、便により経路や所要時間が異なるので、利用の際は事前に時刻表をしっかり確認しておきたい。

かもめバス周遊券
かもめバスが乗り放題になる1日周遊券1000円（2日券1500円）を鳥羽バスセンターの窓口で販売する。
鳥羽市定期船課 ☎0599-25-4776

離島を結ぶ定期船
鳥羽マリンターミナルから菅島や坂手島、答志島、神島といった鳥羽の離島を結ぶ市営定期船が運航。興味がある場合はチェックしておきたい。
鳥羽市営定期船
周遊券1480円（神島経由）
鳥羽市定期船課 ☎0599-25-4776

INDEX

STAFF

編集制作 Editors
(株)K&Bパブリッシャーズ

取材・執筆・撮影 Writers & Photographers
地球デザイン　山田美由紀　Logosviral
松島頼子　江崎浩司　今井一文

執筆協力 Writers
河野あすみ　好地理恵　篠塚和子

編集協力 Editors
(株)ジェオ

本文・表紙デザイン Cover & Editorial Design
(株)K&Bパブリッシャーズ

表紙写真 Cover Photo
アマナイメージズ

地図制作 Maps
トラベラ・ドットネット(株)
DIG.Factory

写真協力 Photographs
神宮司庁
関係各市町村観光課・観光協会
関係諸施設
PIXTA

総合プロデューサー Total Producer
河村季里

TAC出版担当 Producer
君塚太

TAC出版海外版権担当 Copyright Export
野崎博和

エグゼクティブ・プロデューサー
Executive Producer
猪野樹

おとな旅 プレミアム
伊勢・志摩 鳥羽 第4版

2024年4月6日　初版　第1刷発行

著　　者　TAC出版編集部
発 行 者　多田敏男
発 行 所　TAC株式会社　出版事業部
　　　　　　　　　　　（TAC出版）
〒101-8383 東京都千代田区神田三崎町3-2-18
電話　03(5276)9492(営業)
FAX　03(5276)9674
https://shuppan.tac-school.co.jp
印　　刷　株式会社　光邦
製　　本　東京美術紙工協業組合

©TAC 2024　Printed in Japan　　ISBN978-4-300-10978-6
N.D.C.291　　　　　　　　落丁・乱丁本はお取り替えいたします。

本書に掲載した地図の作成に当たっては、国土地理院発行の数値地図(国土基本情報)電子国土基本図(地図情報)、数値地図(国土基本情報)電子国土基本図(地名情報)及び数値地図(国土基本情報20万)を調整しました。